T&P BOOKS

I0176480

ALBANESE
VOCABOLARIO

PER STUDIO AUTODIDATTICO

ITALIANO-
ALBANESE

Le parole più utili
Per ampliare il proprio lessico e affinare
le proprie abilità linguistiche

3000 parole

Vocabolario Italiano-Albanese per studio autodidattico - 3000 parole

Di Andrey Taranov

I vocabolari T&P Books si propongono come strumento di aiuto per apprendere, memorizzare e revisionare l'uso di termini stranieri. Il dizionario si divide in vari argomenti che includono la maggior parte delle attività quotidiane, tra cui affari, scienza, cultura, ecc.

Il processo di apprendimento delle parole attraverso i dizionari divisi in liste tematiche della collana T&P Books offre i seguenti vantaggi:

- Le fonti d'informazione correttamente raggruppate garantiscono un buon risultato nella memorizzazione delle parole
- La possibilità di memorizzare gruppi di parole con la stessa radice (piuttosto che memorizzarle separatamente)
- Piccoli gruppi di parole facilitano il processo di apprendimento per associazione, utile al potenziamento lessicale
- Il livello di conoscenza della lingua può essere valutato attraverso il numero di parole apprese

T&P Books Publishing
www.tpbooks.com

ISBN: 978-1-78767-035-8

Questo libro è disponibile anche in formato e-book.
Visitate il sito www.tpbooks.com o le principali librerie online.

VOCABOLARIO ALBANESE
per studio autodidattico

I vocabolari T&P Books si propongono come strumento di aiuto per apprendere, memorizzare e revisionare l'uso di termini stranieri. Il vocabolario contiene oltre 3000 parole di uso comune ordinate per argomenti.

- Il vocabolario contiene le parole più comunemente usate
- È consigliato in aggiunta ad un corso di lingua
- Risponde alle esigenze degli studenti di lingue straniere sia essi principianti o di livello avanzato
- Pratico per un uso quotidiano, per gli esercizi di revisione e di autovalutazione
- Consente di valutare la conoscenza del proprio lessico

Caratteristiche specifiche del vocabolario:

- Le parole sono ordinate secondo il proprio significato e non alfabeticamente
- Le parole sono riportate in tre colonne diverse per facilitare il metodo di revisione e autovalutazione
- I gruppi di parole sono divisi in sottogruppi per facilitare il processo di apprendimento
- Il vocabolario offre una pratica e semplice trascrizione fonetica per ogni termine straniero

Il vocabolario contiene 101 argomenti tra cui:

Concetti di Base, Numeri, Colori, Mesi, Stagioni, Unità di Misura, Abbigliamento e Accessori, Cibo e Alimentazione, Ristorante, Membri della Famiglia, Parenti, Personalità, Sentimenti, Emozioni, Malattie, Città, Visita Turistica, Acquisti, Denaro, Casa, Ufficio, Lavoro d'Ufficio, Import-export, Marketing, Ricerca di un Lavoro, Sport, Istruzione, Computer, Internet, Utensili, Natura, Paesi, Nazionalità e altro ancora …

INDICE

GUIDA ALLA PRONUNCIA

Alfabeto fonetico T&P	Esempio albanese	Esempio italiano
[a]	flas [flas]	macchia
[e], [ɛ]	melodi [mɛlodí]	meno, leggere
[ə]	kërkoj [kərkój]	soldato (dialetto foggiano)
[i]	pikë [píkə]	vittoria
[o]	motor [motór]	notte
[u]	fuqi [fucí]	prugno
[y]	myshk [myʃk]	luccio
[b]	brakë [brákə]	bianco
[c]	oqean [oʦán]	chiesa
[d]	adoptoj [adoptój]	doccia
[dz]	lexoj [lɛdzój]	zebra
[ʤ]	xham [dʒam]	piangere
[ð]	dhomë [ðómə]	come [z] ma con la lingua fra i denti
[f]	i fortë [i fórtə]	ferrovia
[g]	bullgari [bułgarí]	guerriero
[h]	jaht [jáht]	[h] aspirate
[j]	hyrje [hýrjɛ]	New York
[ʝ]	zgjedh [zʝɛð]	ghianda
[k]	korik [korík]	cometa
[l]	lëviz [ləvíz]	saluto
[ł]	shkallë [ʃkáłə]	letto
[m]	medalje [mɛdáljɛ]	mostra
[n]	klan [klan]	notte
[ɲ]	spanjoll [spaɲół]	stagno
[ŋ]	trung [truŋ]	anche
[p]	polici [politsí]	pieno
[r]	i erët [i érət]	ritmo, raro
[ɾ]	groshë [gróʃə]	Spagnolo - pero
[s]	spital [spitál]	sapere
[ʃ]	shes [ʃɛs]	ruscello
[t]	tapet [tapét]	tattica
[ts]	batica [batítsa]	calzini
[tʃ]	kaçube [katʃúbɛ]	cinque
[v]	javor [javór]	volare
[z]	horizont [horizónt]	rosa
[ʒ]	kuzhinë [kuʒínə]	beige
[θ]	përkthej [pərkθéj]	Toscana (dialetto toscano)

ABBREVIAZIONI
usate nel vocabolario

Italiano. Abbreviazioni

agg	-	aggettivo
anim.	-	animato
avv	-	avverbio
cong	-	congiunzione
ecc.	-	eccetera
f	-	sostantivo femminile
f pl	-	femminile plurale
fem.	-	femminile
form.	-	formale
inanim.	-	inanimato
inform.	-	familiare
m	-	sostantivo maschile
m pl	-	maschile plurale
m, f	-	maschile, femminile
masc.	-	maschile
mil.	-	militare
pl	-	plurale
pron	-	pronome
qc	-	qualcosa
qn	-	qualcuno
sing.	-	singolare
v aus	-	verbo ausiliare
vi	-	verbo intransitivo
vi, vt	-	verbo intransitivo, transitivo
vr	-	verbo riflessivo
vt	-	verbo transitivo

Albanese. Abbreviazioni

f	-	sostantivo femminile
m	-	sostantivo maschile
pl	-	plurale

CONCETTI DI BASE

1. Pronomi

| io | Unë, mua | [unə], [múa] |
| tu | ti, ty | [ti], [ty] |

lui	ai	[aʃ]
lei	ajo	[ajó]
esso	ai	[aʃ]

| noi | ne | [nɛ] |
| voi | ju | [ju] |

| loro (masc.) | ata | [atá] |
| loro (fem.) | ato | [ató] |

2. Saluti. Convenevoli

Salve!	Përshëndetje!	[pərʃəndétjɛ!]
Buongiorno!	Përshëndetje!	[pərʃəndétjɛ!]
Buongiorno! (la mattina)	Mirëmëngjes!	[mirəmənɟés!]
Buon pomeriggio!	Mirëdita!	[mirədíta!]
Buonasera!	Mirëmbrëma!	[mirəmbrə́ma!]

salutare (vt)	përshëndes	[pərʃəndés]
Ciao! Salve!	Ç'kemi!	[tʃ'kémi!]
saluto (m)	përshëndetje (f)	[pərʃəndétjɛ]
salutare (vt)	përshëndes	[pərʃəndés]
Come sta?	Si jeni?	[si jéni?]
Come stai?	Si je?	[si jɛ?]
Che c'è di nuovo?	Çfarë ka të re?	[tʃfárə ká tə ré?]

Arrivederci!	Mirupafshim!	[mirupáfʃim!]
Ciao!	U pafshim!	[u páfʃim!]
A presto!	Shihemi së shpejti!	[ʃíhɛmi sə ʃpéjti!]
Addio!	Lamtumirë!	[lamtumírə!]
congedarsi (vr)	përshëndetem	[pərʃəndétɛm]
Ciao! (A presto!)	Tungjatjeta!	[tunɟatjéta!]

Grazie!	Faleminderit!	[falɛmindérit!]
Grazie mille!	Faleminderit shumë!	[falɛmindérit ʃúmə!]
Prego	Të lutem	[tə lútɛm]
Non c'è di che!	Asgjë!	[asɟə́!]
Di niente	Asgjë	[asɟə́]

| Scusa! | Më fal! | [mə fal!] |
| Scusi! | Më falni! | [mə fálni!] |

scusare (vt)	fal	[fal]
scusarsi (vr)	kërkoj falje	[kərkój fáljɛ]
Chiedo scusa	Kërkoj ndjesë	[kərkój ndjésə]
Mi perdoni!	Më vjen keq!	[mə vjɛn kɛc!]
perdonare (vt)	fal	[fal]
Non fa niente	S'ka gjë!	[s'ka ɟə!]
per favore	të lutem	[tə lútɛm]

Non dimentichi!	Mos harro!	[mos haró!]
Certamente!	Sigurisht!	[siguríʃt!]
Certamente no!	Sigurisht që jo!	[siguríʃt cə jo!]
D'accordo!	Në rregull!	[nə réguɫ!]
Basta!	Mjafton!	[mjaftón!]

3. Domande

Chi?	Kush?	[kuʃ?]
Che cosa?	Çka?	[tʃká?]
Dove? (in che luogo?)	Ku?	[ku?]
Dove? (~ vai?)	Për ku?	[pər ku?]
Di dove?, Da dove?	Nga ku?	[ŋa ku?]
Quando?	Kur?	[kur?]
Perché? (per quale scopo?)	Pse?	[psɛ?]
Perché? (per quale ragione?)	Pse?	[psɛ?]

Per che cosa?	Për çfarë arsye?	[pər tʃfárə arsýɛ?]
Come?	Si?	[si?]
Che? (~ colore è?)	Çfarë?	[tʃfárə?]
Quale?	Cili?	[tsíli?]

A chi?	Kujt?	[kújt?]
Di chi?	Për kë?	[pər kə?]
Di che cosa?	Për çfarë?	[pər tʃfárə?]
Con chi?	Me kë?	[mɛ kə?]

| Quanti?, Quanto? | Sa? | [sa?] |
| Di chi? | Të kujt? | [tə kujt?] |

4. Preposizioni

con (tè ~ il latte)	me	[mɛ]
senza	pa	[pa]
a (andare ~ ...)	për në	[pər nə]
di (parlare ~ ...)	për	[pər]
prima di ...	përpara	[pərpára]
di fronte a ...	para ...	[pára ...]

sotto (avv)	nën	[nən]
sopra (al di ~)	mbi	[mbí]
su (sul tavolo, ecc.)	mbi	[mbí]
da, di (via da ..., fuori di ...)	nga	[ŋa]
di (fatto ~ cartone)	nga	[ŋa]

fra (~ dieci minuti)	**për**	[pər]
attraverso (dall'altra parte)	**sipër**	[sípər]

5. Parole grammaticali. Avverbi. Parte 1

Dove?	**Ku?**	[ku?]
qui (in questo luogo)	**këtu**	[kətú]
lì (in quel luogo)	**atje**	[atjé]
da qualche parte (essere ~)	**diku**	[dikú]
da nessuna parte	**askund**	[askúnd]
vicino a ...	**afër**	[áfər]
vicino alla finestra	**tek dritarja**	[tɛk dritárja]
Dove?	**Për ku?**	[pər ku?]
qui (vieni ~)	**këtu**	[kətú]
ci (~ vado stasera)	**atje**	[atjé]
da qui	**nga këtu**	[ŋa kətú]
da lì	**nga atje**	[ŋa atjɛ]
vicino, accanto (avv)	**pranë**	[pránə]
lontano (avv)	**larg**	[larg]
vicino (~ a Parigi)	**afër**	[áfər]
vicino (qui ~)	**pranë**	[pránə]
non lontano	**jo larg**	[jo lárg]
sinistro (agg)	**majtë**	[májtə]
a sinistra (rimanere ~)	**majtas**	[májtas]
a sinistra (girare ~)	**në të majtë**	[nə tə májtə]
destro (agg)	**djathtë**	[djáθtə]
a destra (rimanere ~)	**djathtas**	[djáθtas]
a destra (girare ~)	**në të djathtë**	[nə tə djáθtə]
davanti	**përballë**	[pərbáɫə]
anteriore (agg)	**i përparmë**	[i pərpármə]
avanti	**përpara**	[pərpára]
dietro (avv)	**prapa**	[prápa]
da dietro	**nga prapa**	[ŋa prápa]
indietro	**pas**	[pas]
mezzo (m), centro (m)	**mes** (m)	[mɛs]
in mezzo, al centro	**në mes**	[nə mɛs]
di fianco	**në anë**	[nə anə]
dappertutto	**kudo**	[kúdo]
attorno	**përreth**	[pəréθ]
da dentro	**nga brenda**	[ŋa brénda]
da qualche parte (andare ~)	**diku**	[dikú]
dritto (direttamente)	**drejt**	[dréjt]
indietro	**pas**	[pas]

da qualsiasi parte	nga kudo	[ŋa kúdo]
da qualche posto (veniamo ~)	nga diku	[ŋa dikú]
in primo luogo	së pari	[sə pári]
in secondo luogo	së dyti	[sə dýti]
in terzo luogo	së treti	[sə tréti]

all'improvviso	befas	[béfas]
all'inizio	në fillim	[nə fiłím]
per la prima volta	për herë të parë	[pər hérə tə párə]
molto tempo prima di...	shumë përpara ...	[ʃúmə pərpára ...]
di nuovo	sërish	[səríʃ]
per sempre	një herë e mirë	[ɲə hérə ɛ mírə]

mai	kurrë	[kúrə]
ancora	përsëri	[pərsərí]
adesso	tani	[táni]
spesso (avv)	shpesh	[ʃpɛʃ]
allora	atëherë	[atəhérə]
urgentemente	urgjent	[urɟént]
di solito	zakonisht	[zakoníʃt]

a proposito, ...	meqë ra fjala, ...	[mécə ra fjála, ...]
è possibile	ndoshta	[ndóʃta]
probabilmente	mundësisht	[mundəsíʃt]
forse	mbase	[mbásɛ]
inoltre ...	përveç	[pərvétʃ]
ecco perché ...	ja përse ...	[ja pərsé ...]
nonostante (~ tutto)	pavarësisht se ...	[pavarəsíʃt sɛ ...]
grazie a ...	falë ...	[fálə ...]

che cosa (pron)	çfarë	[tʃfárə]
che (cong)	që	[cə]
qualcosa (qualsiasi cosa)	diçka	[ditʃká]
qualcosa (le serve ~?)	ndonji gjë	[ndoɲí ɟə]
niente	asgjë	[asɟé]

chi (pron)	kush	[kuʃ]
qualcuno (annuire a ~)	dikush	[dikúʃ]
qualcuno (dipendere da ~)	dikush	[dikúʃ]

nessuno	askush	[askúʃ]
da nessuna parte	askund	[askúnd]
di nessuno	i askujt	[i askújt]
di qualcuno	i dikujt	[i dikújt]

così (era ~ arrabbiato)	aq	[ác]
anche (penso ~ a ...)	gjithashtu	[ɟiθaʃtú]
anche, pure	gjithashtu	[ɟiθaʃtú]

6. Parole grammaticali. Avverbi. Parte 2

| Perché? | Pse? | [psɛ?] |
| per qualche ragione | për një arsye | [pər ɲə arsýɛ] |

perché ...	sepse ...	[sɛpsé ...]
per qualche motivo	për ndonjë shkak	[pər ndóɲə ʃkak]
e (cong)	dhe	[ðɛ]
o (sì ~ no?)	ose	[ósɛ]
ma (però)	por	[poɾ]
per (~ me)	për	[pəɾ]
troppo	tepër	[tépəɾ]
solo (avv)	vetëm	[vétəm]
esattamente	pikërisht	[pikəɾíʃt]
circa (~ 10 dollari)	rreth	[rɛθ]
approssimativamente	përafërsisht	[pəɾafəɾsíʃt]
approssimativo (agg)	përafërt	[pəɾáfəɾt]
quasi	pothuajse	[poθúajsɛ]
resto	mbetje (f)	[mbétjɛ]
l'altro (~ libro)	tjetri	[tjétri]
altro (differente)	tjetër	[tjétəɾ]
ogni (agg)	çdo	[tʃdo]
qualsiasi (agg)	çfarëdo	[tʃfarədó]
molti	disa	[disá]
molto (avv)	shumë	[ʃúmə]
molta gente	shumë njerëz	[ʃúmə ɲérəz]
tutto, tutti	të gjithë	[tə ɟíθə]
in cambio di ...	në vend të ...	[nə vénd tə ...]
in cambio	në shkëmbim të ...	[nə ʃkəmbím tə ...]
a mano (fatto ~)	me dorë	[mɛ dórə]
poco probabile	vështirë se ...	[vəʃtírə sɛ ...]
probabilmente	mundësisht	[mundəsíʃt]
apposta	me qëllim	[mɛ cəɬím]
per caso	aksidentalisht	[aksidɛntalíʃt]
molto (avv)	shumë	[ʃúmə]
per esempio	për shembull	[pəɾ ʃémbuɬ]
fra (~ due)	midis	[midís]
fra (~ più di due)	rreth	[rɛθ]
tanto (quantità)	kaq shumë	[kác ʃúmə]
soprattutto	veçanërisht	[vɛtʃanəríʃt]

NUMERI. VARIE

7. Numeri cardinali. Parte 1

zero (m)	**zero**	[zéro]
uno	**një**	[ɲə]
due	**dy**	[dy]
tre	**tre**	[trɛ]
quattro	**katër**	[kátər]
cinque	**pesë**	[pésə]
sei	**gjashtë**	[ɟáʃtə]
sette	**shtatë**	[ʃtátə]
otto	**tetë**	[tétə]
nove	**nëntë**	[nəntə]
dieci	**dhjetë**	[ðjétə]
undici	**njëmbëdhjetë**	[ɲəmbəðjétə]
dodici	**dymbëdhjetë**	[dymbəðjétə]
tredici	**trembëdhjetë**	[trɛmbəðjétə]
quattordici	**katërmbëdhjetë**	[katərmbəðjétə]
quindici	**pesëmbëdhjetë**	[pɛsəmbəðjétə]
sedici	**gjashtëmbëdhjetë**	[ɟaʃtəmbəðjétə]
diciassette	**shtatëmbëdhjetë**	[ʃtatəmbəðjétə]
diciotto	**tetëmbëdhjetë**	[tɛtəmbəðjétə]
diciannove	**nëntëmbëdhjetë**	[nəntəmbəðjétə]
venti	**njëzet**	[ɲəzét]
ventuno	**njëzet e një**	[ɲəzét ɛ ɲə]
ventidue	**njëzet e dy**	[ɲəzét ɛ dy]
ventitre	**njëzet e tre**	[ɲəzét ɛ trɛ]
trenta	**tridhjetë**	[triðjétə]
trentuno	**tridhjetë e një**	[triðjétə ɛ ɲə]
trentadue	**tridhjetë e dy**	[triðjétə ɛ dy]
trentatre	**tridhjetë e tre**	[triðjétə ɛ trɛ]
quaranta	**dyzet**	[dyzét]
quarantuno	**dyzet e një**	[dyzét ɛ ɲə]
quarantadue	**dyzet e dy**	[dyzét ɛ dy]
quarantatre	**dyzet e tre**	[dyzét ɛ trɛ]
cinquanta	**pesëdhjetë**	[pɛsəðjétə]
cinquantuno	**pesëdhjetë e një**	[pɛsəðjétə ɛ ɲə]
cinquantadue	**pesëdhjetë e dy**	[pɛsəðjétə ɛ dy]
cinquantatre	**pesëdhjetë e tre**	[pɛsəðjétə ɛ trɛ]
sessanta	**gjashtëdhjetë**	[ɟaʃtəðjétə]
sessantuno	**gjashtëdhjetë e një**	[ɟaʃtəðjétə ɛ ɲə]

| sessantadue | gjashtëdhjetë e dy | [ɟaʃtəðjétə ɛ dý] |
| sessantatre | gjashtëdhjetë e tre | [ɟaʃtəðjétə ɛ tré] |

settanta	shtatëdhjetë	[ʃtatəðjétə]
settantuno	shtatëdhjetë e një	[ʃtatəðjétə ɛ ɲə]
settantadue	shtatëdhjetë e dy	[ʃtatəðjétə ɛ dy]
settantatre	shtatëdhjetë e tre	[ʃtatəðjétə ɛ trɛ]

ottanta	tetëdhjetë	[tɛtəðjétə]
ottantuno	tetëdhjetë e një	[tɛtəðjétə ɛ ɲə]
ottantadue	tetëdhjetë e dy	[tɛtəðjétə ɛ dy]
ottantatre	tetëdhjetë e tre	[tɛtəðjétə ɛ trɛ]

novanta	nëntëdhjetë	[nəntəðjétə]
novantuno	nëntëdhjetë e një	[nəntəðjétə ɛ ɲə]
novantadue	nëntëdhjetë e dy	[nəntəðjétə ɛ dy]
novantatre	nëntëdhjetë e tre	[nəntəðjétə ɛ trɛ]

8. Numeri cardinali. Parte 2

cento	njëqind	[ɲəcínd]
duecento	dyqind	[dycínd]
trecento	treqind	[trɛcínd]
quattrocento	katërqind	[katərcínd]
cinquecento	pesëqind	[pɛsəcínd]

seicento	gjashtëqind	[ɟaʃtəcínd]
settecento	shtatëqind	[ʃtatəcínd]
ottocento	tetëqind	[tɛtəcínd]
novecento	nëntëqind	[nəntəcínd]

mille	një mijë	[ɲə míjə]
duemila	dy mijë	[dy míjə]
tremila	tre mijë	[trɛ míjə]
diecimila	dhjetë mijë	[ðjétə míjə]
centomila	njëqind mijë	[ɲəcínd míjə]
milione (m)	milion (m)	[milión]
miliardo (m)	miliardë (f)	[miliárdə]

9. Numeri ordinali

primo	i pari	[i pári]
secondo	i dyti	[i dýti]
terzo	i treti	[i tréti]
quarto	i katërti	[i kátərti]
quinto	i pesti	[i pésti]

sesto	i gjashti	[i ɟáʃti]
settimo	i shtati	[i ʃtáti]
ottavo	i teti	[i téti]
nono	i nënti	[i nénti]
decimo	i dhjeti	[i ðjéti]

COLORI. UNITÀ DI MISURA

10. Colori

colore (m)	ngjyrë (f)	[nɟýrə]
sfumatura (f)	nuancë (f)	[nuántsə]
tono (m)	tonalitet (m)	[tonalitét]
arcobaleno (m)	ylber (m)	[ylbér]
bianco (agg)	e bardhë	[ɛ bárðə]
nero (agg)	e zezë	[ɛ zézə]
grigio (agg)	gri	[gri]
verde (agg)	jeshile	[jɛʃílɛ]
giallo (agg)	e verdhë	[ɛ vérðə]
rosso (agg)	e kuqe	[ɛ kúcɛ]
blu (agg)	blu	[blu]
azzurro (agg)	bojëqielli	[bojəciéɬi]
rosa (agg)	rozë	[rózə]
arancione (agg)	portokalli	[portokáɬi]
violetto (agg)	bojëvjollcë	[bojəvjóɬtsə]
marrone (agg)	kafe	[káfɛ]
d'oro (agg)	e artë	[ɛ ártə]
argenteo (agg)	e argjendtë	[ɛ arɟéndtə]
beige (agg)	bezhë	[béʒə]
color crema (agg)	krem	[krɛm]
turchese (agg)	e bruztë	[ɛ brúztə]
rosso ciliegia (agg)	qershi	[cɛrʃí]
lilla (agg)	jargavan	[jargaván]
rosso lampone (agg)	e kuqe e thellë	[ɛ kúcɛ ɛ θéɬə]
chiaro (agg)	e hapur	[ɛ hápur]
scuro (agg)	e errët	[ɛ érət]
vivo, vivido (agg)	e ndritshme	[ɛ ndrítʃmɛ]
colorato (agg)	e ngjyrosur	[ɛ nɟyrósur]
a colori	ngjyrë	[nɟýrə]
bianco e nero (agg)	bardhë e zi	[bárðə ɛ zi]
in tinta unita	njëngjyrëshe	[nənɟýrəʃɛ]
multicolore (agg)	shumëngjyrëshe	[ʃumənɟýrəʃɛ]

11. Unità di misura

peso (m)	peshë (f)	[péʃə]
lunghezza (f)	gjatësi (f)	[ɟatəsí]

larghezza (f)	gjerësi (f)	[ɟɛɾəsí]
altezza (f)	lartësi (f)	[lartəsí]
profondità (f)	thellësi (f)	[θɛɬəsí]
volume (m)	vëllim (m)	[vəɬím]
area (f)	sipërfaqe (f)	[sipərfácɛ]

grammo (m)	gram (m)	[gram]
milligrammo (m)	miligram (m)	[miligrám]
chilogrammo (m)	kilogram (m)	[kilográm]
tonnellata (f)	ton (m)	[ton]
libbra (f)	paund (m)	[páund]
oncia (f)	ons (m)	[ons]

metro (m)	metër (m)	[métər]
millimetro (m)	milimetër (m)	[milimétər]
centimetro (m)	centimetër (m)	[tsɛntimétər]
chilometro (m)	kilometër (m)	[kilométər]
miglio (m)	milje (f)	[mílʝɛ]

pollice (m)	inç (m)	[intʃ]
piede (f)	këmbë (f)	[kémbə]
iarda (f)	jard (m)	[járd]

| metro (m) quadro | metër katror (m) | [métər katrór] |
| ettaro (m) | hektar (m) | [hɛktár] |

litro (m)	litër (m)	[lítər]
grado (m)	gradë (f)	[grádə]
volt (m)	volt (m)	[volt]
ampere (m)	amper (m)	[ampér]
cavallo vapore (m)	kuaj-fuqi (f)	[kúaj-fucí]

quantità (f)	sasi (f)	[sasí]
un po' di ...	pak ...	[pak ...]
metà (f)	gjysmë (f)	[ɟýsmə]
dozzina (f)	dyzinë (f)	[dyzínə]
pezzo (m)	copë (f)	[tsópə]

| dimensione (f) | madhësi (f) | [maðəsí] |
| scala (f) (modello in ~) | shkallë (f) | [ʃkáɬə] |

minimo (agg)	minimale	[minimálɛ]
minore (agg)	më i vogli	[mə i vógli]
medio (agg)	i mesëm	[i mésəm]
massimo (agg)	maksimale	[maksimálɛ]
maggiore (agg)	më i madhi	[mə i máði]

12. Contenitori

barattolo (m) di vetro	kavanoz (m)	[kavanóz]
latta, lattina (f)	kanoçe (f)	[kanótʃɛ]
secchio (m)	kovë (f)	[kóvə]
barile (m), botte (f)	fuçi (f)	[futʃí]
catino (m)	legen (m)	[lɛgén]

serbatoio (m) (per liquidi)	tank (m)	[tank]
fiaschetta (f)	faqore (f)	[facórɛ]
tanica (f)	bidon (m)	[bidón]
cisterna (f)	cisternë (f)	[tsistérnə]

tazza (f)	tas (m)	[tas]
tazzina (f) (~ di caffé)	filxhan (m)	[fildʒán]
piattino (m)	pjatë filxhani (f)	[pjátə fildʒáni]
bicchiere (m) (senza stelo)	gotë (f)	[gótə]
calice (m)	gotë vere (f)	[gótə vérɛ]
casseruola (f)	tenxhere (f)	[tɛndʒérɛ]

bottiglia (f)	shishe (f)	[ʃíʃɛ]
collo (m) (~ della bottiglia)	grykë	[grýkə]

caraffa (f)	brokë (f)	[brókə]
brocca (f)	shtambë (f)	[ʃtámbə]
recipiente (m)	enë (f)	[énə]
vaso (m) di coccio	enë (f)	[énə]
vaso (m) di fiori	vazo (f)	[vázo]

boccetta (f) (~ di profumo)	shishe (f)	[ʃíʃɛ]
fiala (f)	shishkë (f)	[ʃíʃkə]
tubetto (m)	tubet (f)	[tubét]

sacco (m) (~ di patate)	thes (m)	[θɛs]
sacchetto (m) (~ di plastica)	qese (f)	[césɛ]
pacchetto (m) (~ di sigarette, ecc.)	paketë (f)	[pakétə]

scatola (f) (~ per scarpe)	kuti (f)	[kutí]
cassa (f) (~ di vino, ecc.)	arkë (f)	[árkə]
cesta (f)	shportë (f)	[ʃpórtə]

I VERBI PIÙ IMPORTANTI

13. I verbi più importanti. Parte 1

accorgersi (vr)	vërej	[vəréj]
afferrare (vt)	kap	[kap]
affittare (dare in affitto)	marr me qira	[mar mɛ cirá]
aiutare (vt)	ndihmoj	[ndihmój]
amare (qn)	dashuroj	[daʃurój]
andare (camminare)	ec në këmbë	[ɛts nə kémbə]
annotare (vt)	mbaj shënim	[mbáj ʃəním]
appartenere (vi)	përkas ...	[pərkás ...]
aprire (vt)	hap	[hap]
arrivare (vi)	arrij	[aríj]
aspettare (vt)	pres	[prɛs]
avere (vt)	kam	[kam]
avere fame	kam uri	[kam urí]
avere fretta	nxitoj	[ndzitój]
avere paura	kam frikë	[kam fríkə]
avere sete	kam etje	[kam étjɛ]
avvertire (vt)	paralajmëroj	[paralajmərój]
cacciare (vt)	dal për gjah	[dál pər ɟáh]
cadere (vi)	bie	[bíɛ]
cambiare (vt)	ndryshoj	[ndryʃój]
capire (vt)	kuptoj	[kuptój]
cenare (vi)	ha darkë	[ha dárkə]
cercare (vt)	kërkoj ...	[kərkój ...]
cessare (vt)	ndaloj	[ndalój]
chiedere (~ aiuto)	thërras	[θərás]
chiedere (domandare)	pyes	[pýɛs]
cominciare (vt)	filloj	[fiɫój]
comparare (vt)	krahasoj	[krahasój]
confondere (vt)	ngatërroj	[ŋatərój]
conoscere (qn)	njoh	[ɲóh]
conservare (vt)	mbaj	[mbáj]
consigliare (vt)	këshilloj	[kəʃiɫój]
contare (calcolare)	numëroj	[numərój]
contare su ...	mbështetem ...	[mbəʃtétɛm ...]
continuare (vt)	vazhdoj	[vaʒdój]
controllare (vt)	kontrolloj	[kontroɫój]
correre (vi)	vrapoj	[vrapój]
costare (vt)	kushton	[kuʃtón]
creare (vt)	krijoj	[krijój]
cucinare (vi)	gatuaj	[gatúaj]

14. I verbi più importanti. Parte 2

Italiano	Albanese	Pronuncia
dare (vt)	jap	[jap]
dare un suggerimento	aludoj	[aludój]
decorare (adornare)	zbukuroj	[zbukurój]
difendere (~ un paese)	mbroj	[mbrój]
dimenticare (vt)	harroj	[harój]
dire (~ la verità)	them	[θεm]
dirigere (compagnia, ecc.)	drejtoj	[drεjtój]
discutere (vt)	diskutoj	[diskutój]
domandare (vt)	pyes	[pýεs]
dubitare (vi)	dyshoj	[dyʃój]
entrare (vi)	hyj	[hyj]
esigere (vt)	kërkoj	[kərkój]
esistere (vi)	ekzistoj	[εkzistój]
essere (vi)	jam	[jam]
essere d'accordo	bie dakord	[bíε dakórd]
fare (vt)	bëj	[bəj]
fare colazione	ha mëngjes	[ha mənɟés]
fare il bagno	notoj	[notój]
fermarsi (vr)	ndaloj	[ndalój]
fidarsi (vr)	besoj	[bεsój]
finire (vt)	përfundoj	[pərfundój]
firmare (~ un documento)	nënshkruaj	[nənʃkrúaj]
giocare (vi)	luaj	[lúaj]
girare (~ a destra)	kthej	[kθεj]
gridare (vi)	bërtas	[bərtás]
indovinare (vt)	hamendësoj	[hamεndəsój]
informare (vt)	informoj	[informój]
ingannare (vt)	mashtroj	[maʃtrój]
insistere (vi)	këmbëngul	[kəmbəŋúl]
insultare (vt)	fyej	[fýεj]
interessarsi di …	interesohem …	[intεrεsóhεm …]
invitare (vt)	ftoj	[ftoj]
lamentarsi (vr)	ankohem	[ankóhεm]
lasciar cadere	lëshoj	[ləʃój]
lavorare (vi)	punoj	[punój]
leggere (vi, vt)	lexoj	[lεdzój]
liberare (vt)	çliroj	[tʃlirój]

15. I verbi più importanti. Parte 3

Italiano	Albanese	Pronuncia
mancare le lezioni	humbas	[humbás]
mandare (vt)	dërgoj	[dərgój]
menzionare (vt)	përmend	[pərménd]
minacciare (vt)	kërcënoj	[kərtsənój]

mostrare (vt)	tregoj	[trɛgój]
nascondere (vt)	fsheh	[fʃéh]
nuotare (vi)	notoj	[notój]
obiettare (vt)	kundërshtoj	[kundərʃtój]
occorrere (vimp)	nevojitet	[nɛvojítɛt]
ordinare (~ il pranzo)	porosis	[porosís]

ordinare (mil.)	urdhëroj	[urðərój]
osservare (vt)	vëzhgoj	[vəʒgój]
pagare (vi, vt)	paguaj	[pagúaj]
parlare (vi, vt)	flas	[flas]
partecipare (vi)	marr pjesë	[mar pjésə]

pensare (vi, vt)	mendoj	[mɛndój]
perdonare (vt)	fal	[fal]
permettere (vt)	lejoj	[lɛjój]
piacere (vi)	pëlqej	[pəlcéj]
piangere (vi)	qaj	[caj]

pianificare (vt)	planifikoj	[planifikój]
possedere (vt)	zotëroj	[zotərój]
potere (v aus)	mund	[mund]
pranzare (vi)	ha drekë	[ha drékə]
preferire (vt)	preferoj	[prɛfɛrój]

pregare (vi, vt)	lutem	[lútɛm]
prendere (vt)	marr	[mar]
prevedere (vt)	parashikoj	[paraʃikój]
promettere (vt)	premtoj	[prɛmtój]
pronunciare (vt)	shqiptoj	[ʃciptój]

proporre (vt)	propozoj	[propozój]
punire (vt)	ndëshkoj	[ndəʃkój]
raccomandare (vt)	rekomandoj	[rɛkomandój]
ridere (vi)	qesh	[cɛʃ]
rifiutarsi (vr)	refuzoj	[rɛfuzój]

rincrescere (vi)	pendohem	[pɛndóhɛm]
ripetere (ridire)	përsëris	[pərsərís]
riservare (vt)	rezervoj	[rɛzɛrvój]
rispondere (vi, vt)	përgjigjem	[pərɟíɟɛm]
rompere (spaccare)	ndahem	[ndáhɛm]
rubare (~ i soldi)	vjedh	[vjɛð]

16. I verbi più importanti. Parte 4

salvare (~ la vita a qn)	shpëtoj	[ʃpətój]
sapere (vt)	di	[di]
sbagliare (vi)	gaboj	[gabój]
scavare (vt)	gërmoj	[gərmój]
scegliere (vt)	zgjedh	[zɟɛð]

| scendere (vi) | zbres | [zbrɛs] |
| scherzare (vi) | bëj shaka | [bəj ʃaká] |

scrivere (vt)	shkruaj	[ʃkrúaj]
scusare (vt)	fal	[fal]
scusarsi (vr)	kërkoj falje	[kərkój fáljɛ]
sedersi (vr)	ulem	[úlɛm]
seguire (vt)	ndjek ...	[ndjék ...]
sgridare (vt)	qortoj	[cortój]
significare (vt)	nënkuptoj	[nənkuptój]
sorridere (vi)	buzëqesh	[buzəcéʃ]
sottovalutare (vt)	nënvlerësoj	[nənvlɛrəsój]
sparare (vi)	qëlloj	[cəɫój]
sperare (vi, vt)	shpresoj	[ʃprɛsój]
spiegare (vt)	shpjegoj	[ʃpjɛgój]
studiare (vt)	studioj	[studiój]
stupirsi (vr)	çuditem	[tʃudítɛm]
tacere (vi)	hesht	[hɛʃt]
tentare (vt)	përpiqem	[pərpícɛm]
toccare (~ con le mani)	prek	[prɛk]
tradurre (vt)	përkthej	[pərkθéj]
trovare (vt)	gjej	[ɟéj]
uccidere (vt)	vras	[vras]
udire (percepire suoni)	dëgjoj	[dəɟój]
unire (vt)	bashkoj	[baʃkój]
uscire (vi)	dal	[dal]
vantarsi (vr)	mburrem	[mbúrɛm]
vedere (vt)	shikoj	[ʃikój]
vendere (vt)	shes	[ʃɛs]
volare (vi)	fluturoj	[fluturój]
volere (desiderare)	dëshiroj	[dəʃirój]

ORARIO. CALENDARIO

17. Giorni della settimana

lunedì (m)	E hënë (f)	[ɛ hénə]
martedì (m)	E martë (f)	[ɛ mártə]
mercoledì (m)	E mërkurë (f)	[ɛ mərkúrə]
giovedì (m)	E enjte (f)	[ɛ éɲtɛ]
venerdì (m)	E premte (f)	[ɛ prémtɛ]
sabato (m)	E shtunë (f)	[ɛ ʃtúnə]
domenica (f)	E dielë (f)	[ɛ díɛlə]
oggi (avv)	sot	[sot]
domani	nesër	[nésər]
dopodomani	pasnesër	[pasnésər]
ieri (avv)	dje	[djé]
l'altro ieri	pardje	[pardjé]
giorno (m)	ditë (f)	[dítə]
giorno (m) lavorativo	ditë pune (f)	[dítə púnɛ]
giorno (m) festivo	festë kombëtare (f)	[féstə kombətárɛ]
giorno (m) di riposo	ditë pushim (m)	[dítə puʃím]
fine (m) settimana	fundjavë (f)	[fundjávə]
tutto il giorno	gjithë ditën	[ɟíθə dítən]
l'indomani	ditën pasardhëse	[dítən pasárðəsɛ]
due giorni fa	dy ditë më parë	[dy dítə mə párə]
il giorno prima	një ditë më parë	[ɲə dítə mə párə]
quotidiano (agg)	ditor	[ditór]
ogni giorno	çdo ditë	[tʃdo dítə]
settimana (f)	javë (f)	[jávə]
la settimana scorsa	javën e kaluar	[jávən ɛ kalúar]
la settimana prossima	javën e ardhshme	[jávən ɛ árðʃmɛ]
settimanale (agg)	javor	[javór]
ogni settimana	çdo javë	[tʃdo jávə]
due volte alla settimana	dy herë në javë	[dy hérə nə jávə]
ogni martedì	çdo të martë	[tʃdo tə mártə]

18. Ore. Giorno e notte

mattina (f)	mëngjes (m)	[mənɟés]
di mattina	në mëngjes	[nə mənɟés]
mezzogiorno (m)	mesditë (f)	[mɛsdítə]
nel pomeriggio	pasdite	[pasdítɛ]
sera (f)	mbrëmje (f)	[mbrémjɛ]
di sera	në mbrëmje	[nə mbrémjɛ]

notte (f)	natë (f)	[nátə]
di notte	natën	[nátən]
mezzanotte (f)	mesnatë (f)	[mɛsnátə]

secondo (m)	sekondë (f)	[sɛkóndə]
minuto (m)	minutë (f)	[minútə]
ora (f)	orë (f)	[órə]
mezzora (f)	gjysmë ore (f)	[ɟ͡ʝýsmə órɛ]
un quarto d'ora	çerek ore (m)	[t͡ʃɛrék órɛ]
quindici minuti	pesëmbëdhjetë minuta	[pɛsəmbəðjétə minúta]
ventiquattro ore	24 orë	[nəzét ɛ kátər órə]

levata (f) del sole	agim (m)	[agím]
alba (f)	agim (m)	[agím]
mattutino (m)	mëngjes herët (m)	[mənɟ͡ʝés hérət]
tramonto (m)	perëndim dielli (m)	[pɛrəndím diéɬi]

di buon mattino	herët në mëngjes	[hérət nə mənɟ͡ʝés]
stamattina	sot në mëngjes	[sot nə mənɟ͡ʝés]
domattina	nesër në mëngjes	[nésər nə mənɟ͡ʝés]

oggi pomeriggio	sot pasdite	[sot pasdítɛ]
nel pomeriggio	pasdite	[pasdítɛ]
domani pomeriggio	nesër pasdite	[nésər pasdítɛ]

| stasera | sonte në mbrëmje | [sóntɛ nə mbrəmjɛ] |
| domani sera | nesër në mbrëmje | [nésər nə mbrémjɛ] |

alle tre precise	në orën 3 fiks	[nə órən trɛ fiks]
verso le quattro	rreth orës 4	[rɛθ órəs kátər]
per le dodici	deri në orën 12	[déri nə órən dymbəðjétə]

fra venti minuti	për 20 minuta	[pər nəzét minúta]
fra un'ora	për një orë	[pər ɲə órə]
puntualmente	në orar	[nə orár]

un quarto di ...	çerek ...	[t͡ʃɛrék ...]
entro un'ora	brenda një ore	[brénda ɲə órɛ]
ogni quindici minuti	çdo 15 minuta	[t͡ʃdo pɛsəmbəðjétə minúta]
giorno e notte	gjithë ditën	[ɟ͡ʝíθə dítən]

19. Mesi. Stagioni

gennaio (m)	**Janar** (m)	[janár]
febbraio (m)	**Shkurt** (m)	[ʃkurt]
marzo (m)	**Mars** (m)	[mars]
aprile (m)	**Prill** (m)	[priɬ]
maggio (m)	**Maj** (m)	[maj]
giugno (m)	**Qershor** (m)	[cɛrʃór]

luglio (m)	**Korrik** (m)	[korík]
agosto (m)	**Gusht** (m)	[guʃt]
settembre (m)	**Shtator** (m)	[ʃtatór]
ottobre (m)	**Tetor** (m)	[tɛtór]

novembre (m)	**Nëntor** (m)	[nəntór]
dicembre (m)	**Dhjetor** (m)	[ðjɛtór]
primavera (f)	**pranverë** (f)	[pranvérə]
in primavera	**në pranverë**	[nə pranvérə]
primaverile (agg)	**pranveror**	[pranvɛrór]
estate (f)	**verë** (f)	[vérə]
in estate	**në verë**	[nə vérə]
estivo (agg)	**veror**	[vɛrór]
autunno (m)	**vjeshtë** (f)	[vjéʃtə]
in autunno	**në vjeshtë**	[nə vjéʃtə]
autunnale (agg)	**vjeshtor**	[vjéʃtor]
inverno (m)	**dimër** (m)	[dímər]
in inverno	**në dimër**	[nə dímər]
invernale (agg)	**dimëror**	[dimərór]
mese (m)	**muaj** (m)	[múaj]
questo mese	**këtë muaj**	[kətə múaj]
il mese prossimo	**muajin tjetër**	[múajin tjétər]
il mese scorso	**muajin e kaluar**	[múajin ɛ kalúar]
un mese fa	**para një muaji**	[pára ɲə múaji]
fra un mese	**pas një muaji**	[pas ɲə múaji]
fra due mesi	**pas dy muajsh**	[pas dy múajʃ]
un mese intero	**gjithë muajin**	[ɟíθə múajin]
per tutto il mese	**gjatë gjithë muajit**	[ɟátə ɟíθə múajit]
mensile (rivista ~)	**mujor**	[mujór]
mensilmente	**mujor**	[mujór]
ogni mese	**çdo muaj**	[tʃdo múaj]
due volte al mese	**dy herë në muaj**	[dy hérə nə múaj]
anno (m)	**vit** (m)	[vit]
quest'anno	**këtë vit**	[kətə vít]
l'anno prossimo	**vitin tjetër**	[vítin tjétər]
l'anno scorso	**vitin e kaluar**	[vítin ɛ kalúar]
un anno fa	**para një viti**	[pára ɲə víti]
fra un anno	**për një vit**	[pər ɲə vit]
fra due anni	**për dy vite**	[pər dy vítɛ]
un anno intero	**gjithë vitin**	[ɟíθə vítin]
per tutto l'anno	**gjatë gjithë vitit**	[ɟátə ɟíθə vítit]
ogni anno	**çdo vit**	[tʃdo vít]
annuale (agg)	**vjetor**	[vjɛtór]
annualmente	**çdo vit**	[tʃdo vít]
quattro volte all'anno	**4 herë në vit**	[kátər hérə nə vit]
data (f) (~ di oggi)	**datë** (f)	[dátə]
data (f) (~ di nascita)	**data** (f)	[dáta]
calendario (m)	**kalendar** (m)	[kalɛndár]
mezz'anno (m)	**gjysmë viti**	[ɟýsmə víti]
semestre (m)	**gjashtë muaj**	[ɟáʃtə múaj]

stagione (f) (estate, ecc.)	**stinë** (f)	[stínə]
secolo (m)	**shekull** (m)	[ʃékuɫ]

VIAGGIO. HOTEL

20. Escursione. Viaggio

turismo (m)	turizëm (m)	[turízəm]
turista (m)	turist (m)	[turíst]
viaggio (m) (all'estero)	udhëtim (m)	[uðətím]
avventura (f)	aventurë (f)	[avɛntúrə]
viaggio (m) (corto)	udhëtim (m)	[uðətím]
vacanza (f)	pushim (m)	[puʃím]
essere in vacanza	jam me pushime	[jam mɛ puʃímɛ]
riposo (m)	pushim (m)	[puʃím]
treno (m)	tren (m)	[trɛn]
in treno	me tren	[mɛ trén]
aereo (m)	avion (m)	[avión]
in aereo	me avion	[mɛ avión]
in macchina	me makinë	[mɛ makínə]
in nave	me anije	[mɛ aníjɛ]
bagaglio (m)	bagazh (m)	[bagáʒ]
valigia (f)	valixhe (f)	[valídʒɛ]
carrello (m)	karrocë bagazhesh (f)	[karótsə bagáʒɛʃ]
passaporto (m)	pasaportë (f)	[pasapórtə]
visto (m)	vizë (f)	[vízə]
biglietto (m)	biletë (f)	[bilétə]
biglietto (m) aereo	biletë avioni (f)	[bilétə avióni]
guida (f)	guidë turistike (f)	[guídə turistíkɛ]
carta (f) geografica	hartë (f)	[hártə]
località (f)	zonë (f)	[zónə]
luogo (m)	vend (m)	[vɛnd]
ogetti (m pl) esotici	ekzotikë (f)	[ɛkzotíkə]
esotico (agg)	ekzotik	[ɛkzotík]
sorprendente (agg)	mahnitëse	[mahnítəsɛ]
gruppo (m)	grup (m)	[grup]
escursione (f)	ekskursion (m)	[ɛkskursión]
guida (f) (cicerone)	udhërrëfyes (m)	[uðərəfýɛs]

21. Hotel

albergo, hotel (m)	hotel (m)	[hotél]
motel (m)	motel (m)	[motél]
tre stelle	me tre yje	[mɛ trɛ ýjɛ]

| cinque stelle | me pesë yje | [mɛ pésə ýjɛ] |
| alloggiare (vi) | qëndroj | [cəndrój] |

camera (f)	dhomë (f)	[ðómə]
camera (f) singola	dhomë teke (f)	[ðómə tékɛ]
camera (f) doppia	dhomë dyshe (f)	[ðómə dýʃɛ]
prenotare una camera	rezervoj një dhomë	[rɛzɛrvój ɲə ðómə]

| mezza pensione (f) | gjysmë-pension (m) | [ɟýsmə-pɛnsión] |
| pensione (f) completa | pension i plotë (m) | [pɛnsión i plótə] |

con bagno	me banjo	[mɛ báɲo]
con doccia	me dush	[mɛ dúʃ]
televisione (f) satellitare	televizor satelitor (m)	[tɛlɛvizór satɛlitór]
condizionatore (m)	kondicioner (m)	[konditsionér]
asciugamano (m)	peshqir (m)	[pɛʃcír]
chiave (f)	çelës (m)	[tʃéləs]

amministratore (m)	administrator (m)	[administratór]
cameriera (f)	pastruese (f)	[pastrúɛsɛ]
portabagagli (m)	portier (m)	[portiér]
portiere (m)	portier (m)	[portiér]

ristorante (m)	restorant (m)	[rɛstoránt]
bar (m)	pab (m), pijetore (f)	[pab], [pijɛtórɛ]
colazione (f)	mëngjes (m)	[mənɟés]
cena (f)	darkë (f)	[dárkə]
buffet (m)	bufe (f)	[bufé]

| hall (f) (atrio d'ingresso) | holl (m) | [hoɫ] |
| ascensore (m) | ashensor (m) | [aʃɛnsór] |

| NON DISTURBARE | MOS SHQETËSONI | [mos ʃcɛtəsóni] |
| VIETATO FUMARE! | NDALOHET DUHANI | [ndalóhɛt duháni] |

22. Visita turistica

monumento (m)	monument (m)	[monumént]
fortezza (f)	kala (f)	[kalá]
palazzo (m)	pallat (m)	[paɫát]
castello (m)	kështjellë (f)	[kəʃtjétə]
torre (f)	kullë (f)	[kútə]
mausoleo (m)	mauzoleum (m)	[mauzolɛúm]

architettura (f)	arkitekturë (f)	[arkitɛktúrə]
medievale (agg)	mesjetare	[mɛsjɛtárɛ]
antico (agg)	e lashtë	[ɛ láʃtə]
nazionale (agg)	kombëtare	[kombətárɛ]
famoso (agg)	i famshëm	[i fámʃəm]

turista (m)	turist (m)	[turíst]
guida (f)	udhërrëfyes (m)	[uðərəfýɛs]
escursione (f)	ekskursion (m)	[ɛkskursión]
fare vedere	tregoj	[trɛgój]

raccontare (vt)	**dëftoj**	[dəftój]
trovare (vt)	**gjej**	[ɟéj]
perdersi (vr)	**humbas**	[humbás]
mappa (f) (~ della metropolitana)	**hartë** (f)	[hártə]
piantina (f) (~ della città)	**hartë** (f)	[hártə]
souvenir (m)	**suvenir** (m)	[suvɛnír]
negozio (m) di articoli da regalo	**dyqan dhuratash** (m)	[dycán ðurátaʃ]
fare foto	**bëj foto**	[bəj fóto]
fotografarsi	**bëj fotografi**	[bəj fotografí]

MEZZI DI TRASPORTO

23. Aeroporto

aeroporto (m)	aeroport (m)	[aɛropórt]
aereo (m)	avion (m)	[avión]
compagnia (f) aerea	kompani ajrore (f)	[kompaní ajrórɛ]
controllore (m) di volo	kontroll i trafikut ajror (m)	[kontrół i trafíkut ajrór]
partenza (f)	nisje (f)	[nísjɛ]
arrivo (m)	arritje (f)	[arítjɛ]
arrivare (vi)	arrij me avion	[aríj mɛ avión]
ora (f) di partenza	nisja (f)	[nísja]
ora (f) di arrivo	arritja (f)	[arítja]
essere ritardato	vonesë	[vonésə]
volo (m) ritardato	vonesë avioni (f)	[vonésə avióni]
tabellone (m) orari	ekrani i informacioneve (m)	[ɛkráni i informatsiónɛvɛ]
informazione (f)	informacion (m)	[informatsión]
annunciare (vt)	njoftoj	[ɲoftój]
volo (m)	fluturim (m)	[fluturím]
dogana (f)	doganë (f)	[dogánə]
doganiere (m)	doganier (m)	[doganiér]
dichiarazione (f)	deklarim doganor (m)	[dɛklarím doganór]
riempire	plotësoj	[plotəsój]
(~ una dichiarazione)		
riempire una dichiarazione	plotësoj deklaratën	[plotəsój dɛklarátən]
controllo (m) passaporti	kontroll pasaportash (m)	[kontrół pasapórtaʃ]
bagaglio (m)	bagazh (m)	[bagáʒ]
bagaglio (m) a mano	bagazh dore (m)	[bagáʒ dórɛ]
carrello (m)	karrocë bagazhesh (f)	[karótsə bagáʒɛʃ]
atterraggio (m)	aterrim (m)	[atɛrím]
pista (f) di atterraggio	pistë aterrimi (f)	[pístə atɛrími]
atterrare (vi)	aterroj	[atɛrój]
scaletta (f) dell'aereo	shkallë avioni (f)	[ʃkáłə avióni]
check-in (m)	regjistrim (m)	[rɛɟistrím]
banco (m) del check-in	sportel regjistrimi (m)	[sportél rɛɟistrími]
fare il check-in	regjistrohem	[rɛɟistróhɛm]
carta (f) d'imbarco	biletë e hyrjes (f)	[bilétə ɛ hýrjɛs]
porta (f) d'imbarco	porta e nisjes (f)	[pórta ɛ nísjɛs]
transito (m)	transit (m)	[transít]
aspettare (vt)	pres	[prɛs]

sala (f) d'attesa	salla e nisjes (f)	[sáła ε nísjɛs]
accompagnare (vt)	përcjell	[pərtsjéł]
congedarsi (vr)	përshëndetem	[pərʃəndétɛm]

24. Aeroplano

aereo (m)	avion (m)	[avión]
biglietto (m) aereo	biletë avioni (f)	[bilétə avióni]
compagnia (f) aerea	kompani ajrore (f)	[kompaní ajrórɛ]
aeroporto (m)	aeroport (m)	[aɛropórt]
supersonico (agg)	supersonik	[supɛrsoník]

comandante (m)	kapiten (m)	[kapitén]
equipaggio (m)	ekip (m)	[ɛkíp]
pilota (m)	pilot (m)	[pilót]
hostess (f)	stjuardesë (f)	[stjuardésə]
navigatore (m)	navigues (m)	[navigúɛs]

ali (f pl)	krahë (pl)	[kráhə]
coda (f)	bisht (m)	[biʃt]
cabina (f)	kabinë (f)	[kabínə]
motore (m)	motor (m)	[motór]

| carrello (m) d'atterraggio | karrel (m) | [karél] |
| turbina (f) | turbinë (f) | [turbínə] |

| elica (f) | helikë (f) | [hɛlíkə] |
| scatola (f) nera | kuti e zezë (f) | [kutí ɛ zézə] |

| barra (f) di comando | timon (m) | [timón] |
| combustibile (m) | karburant (m) | [karburánt] |

safety card (f)	udhëzime sigurie (pl)	[uðəzímɛ siguríɛ]
maschera (f) ad ossigeno	maskë oksigjeni (f)	[máskə oksiɟéni]
uniforme (f)	uniformë (f)	[unifórmə]

| giubbotto (m) di salvataggio | jelek shpëtimi (m) | [jɛlék ʃpətími] |
| paracadute (m) | parashutë (f) | [paraʃútə] |

decollo (m)	ngritje (f)	[ŋrítjɛ]
decollare (vi)	fluturon	[fluturón]
pista (f) di decollo	pista e fluturimit (f)	[písta ɛ fluturímit]

| visibilità (f) | shikueshmëri (f) | [ʃikuɛʃmərí] |
| volo (m) | fluturim (m) | [fluturím] |

| altitudine (f) | lartësi (f) | [lartəsí] |
| vuoto (m) d'aria | xhep ajri (m) | [dʒɛp ájri] |

posto (m)	karrige (f)	[karígɛ]
cuffia (f)	kufje (f)	[kúfjɛ]
tavolinetto (m) pieghevole	tabaka (f)	[tabaká]
oblò (m), finestrino (m)	dritare avioni (f)	[dritárɛ avióni]
corridoio (m)	korridor (m)	[koridór]

25. Treno

treno (m)	tren (m)	[trɛn]
elettrotreno (m)	tren elektrik (m)	[trɛn ɛlɛktrík]
treno (m) rapido	tren ekspres (m)	[trɛn ɛksprés]
locomotiva (f) diesel	lokomotivë me naftë (f)	[lokomótivə mɛ náftə]
locomotiva (f) a vapore	lokomotivë me avull (f)	[lokomótivə mɛ ávuɫ]

| carrozza (f) | vagon (m) | [vagón] |
| vagone (m) ristorante | vagon restorant (m) | [vagón rɛstoránt] |

rotaie (f pl)	shina (pl)	[ʃína]
ferrovia (f)	hekurudhë (f)	[hɛkurúðə]
traversa (f)	traversë (f)	[travérsə]

banchina (f) (~ ferroviaria)	platformë (f)	[platfórmə]
binario (m) (~ 1, 2)	binar (m)	[binár]
semaforo (m)	semafor (m)	[sɛmafór]
stazione (f)	stacion (m)	[statsión]

macchinista (m)	makinist (m)	[makiníst]
portabagagli (m)	portier (m)	[portiér]
cuccettista (m, f)	konduktor (m)	[konduktór]
passeggero (m)	pasagjer (m)	[pasaɟér]
controllore (m)	konduktor (m)	[konduktór]

| corridoio (m) | korridor (m) | [koridór] |
| freno (m) di emergenza | frena urgjence (f) | [fréna urɟéntsɛ] |

scompartimento (m)	ndarje (f)	[ndárjɛ]
cuccetta (f)	kat (m)	[kat]
cuccetta (f) superiore	kati i sipërm (m)	[káti i sípərm]
cuccetta (f) inferiore	kati i poshtëm (m)	[káti i póʃtəm]
biancheria (f) da letto	shtroje shtrati (pl)	[ʃtrójɛ ʃtráti]

biglietto (m)	biletë (f)	[bilétə]
orario (m)	orar (m)	[orár]
tabellone (m) orari	tabelë e informatave (f)	[tabéla ɛ informátavɛ]

partire (vi)	niset	[nísɛt]
partenza (f)	nisje (f)	[nísjɛ]
arrivare (di un treno)	arrij	[aríj]
arrivo (m)	arritje (f)	[arítjɛ]

arrivare con il treno	arrij me tren	[aríj mɛ trɛn]
salire sul treno	hip në tren	[hip nə trén]
scendere dal treno	zbres nga treni	[zbrɛs ŋa tréni]

| deragliamento (m) | aksident hekurudhor (m) | [aksidént hɛkuruðór] |
| deragliare (vi) | del nga shinat | [dɛl ŋa ʃínat] |

locomotiva (f) a vapore	lokomotivë me avull (f)	[lokomótivə mɛ ávuɫ]
fuochista (m)	mbikëqyrës i zjarrit (m)	[mbikəcýrəs i zjárit]
forno (m)	furrë (f)	[fúrə]
carbone (m)	qymyr (m)	[cymýr]

26. Nave

nave (f)	anije (f)	[aníjɛ]
imbarcazione (f)	mjet lundrues (m)	[mjét lundrúɛs]
piroscafo (m)	anije me avull (f)	[aníjɛ mɛ ávuɬ]
barca (f) fluviale	anije lumi (f)	[aníjɛ lúmi]
transatlantico (m)	krocierë (f)	[krotsiérə]
incrociatore (m)	anije luftarake (f)	[aníjɛ luftarákɛ]
yacht (m)	jaht (m)	[jáht]
rimorchiatore (m)	anije rimorkiuese (f)	[aníjɛ rimorkiúɛsɛ]
chiatta (f)	anije transportuese (f)	[aníjɛ transportúɛsɛ]
traghetto (m)	traget (m)	[tragét]
veliero (m)	anije me vela (f)	[aníjɛ mɛ véla]
brigantino (m)	brigantinë (f)	[brigantínə]
rompighiaccio (m)	akullthyese (f)	[akuɬθýɛsɛ]
sottomarino (m)	nëndetëse (f)	[nəndétəsɛ]
barca (f)	barkë (f)	[bárkə]
scialuppa (f)	gomone (f)	[gomónɛ]
scialuppa (f) di salvataggio	varkë shpëtimi (f)	[várkə ʃpətími]
motoscafo (m)	skaf (m)	[skaf]
capitano (m)	kapiten (m)	[kapitén]
marittimo (m)	marinar (m)	[marinár]
marinaio (m)	marinar (m)	[marinár]
equipaggio (m)	ekip (m)	[ɛkíp]
nostromo (m)	kryemarinar (m)	[kryɛmarinár]
mozzo (m) di nave	djali i anijes (m)	[djáli i aníjɛs]
cuoco (m)	kuzhinier (m)	[kuʒiniér]
medico (m) di bordo	doktori i anijes (m)	[doktóri i aníjɛs]
ponte (m)	kuverta (f)	[kuvérta]
albero (m)	direk (m)	[dirék]
vela (f)	vela (f)	[véla]
stiva (f)	bagazh (m)	[bagáʒ]
prua (f)	harku sipëror (m)	[hárku sipərór]
poppa (f)	pjesa e pasme (f)	[pjésa ɛ pásmɛ]
remo (m)	rrem (m)	[rɛm]
elica (f)	helikë (f)	[ɦɛlíkə]
cabina (f)	kabinë (f)	[kabínə]
quadrato (m) degli ufficiali	zyrë e oficerëve (m)	[zýrə ɛ ofitsérəvɛ]
sala (f) macchine	salla e motorit (m)	[sáɬa ɛ motórit]
ponte (m) di comando	urë komanduese (f)	[úrə komandúɛsɛ]
cabina (f) radiotelegrafica	kabina radiotelegrafike (f)	[kabína radiotɛlɛgrafíkɛ]
onda (f)	valë (f)	[válə]
giornale (m) di bordo	libri i shënimeve (m)	[líbri i ʃənímɛvɛ]
cannocchiale (m)	dylbi (f)	[dylbí]
campana (f)	këmbanë (f)	[kəmbánə]

bandiera (f)	**flamur** (m)	[flamúr]
cavo (m) (~ d'ormeggio)	**pallamar** (m)	[paɫamár]
nodo (m)	**nyjë** (f)	[nýjə]
ringhiera (f)	**parmakë** (pl)	[parmákə]
passerella (f)	**shkallë** (f)	[ʃkáɫə]
ancora (f)	**spirancë** (f)	[spirántsə]
levare l'ancora	**ngre spirancën**	[ŋré spirántsən]
gettare l'ancora	**hedh spirancën**	[hɛð spirántsən]
catena (f) dell'ancora	**zinxhir i spirancës** (m)	[zindʒír i spirántsəs]
porto (m)	**port** (m)	[port]
banchina (f)	**skelë** (f)	[skélə]
ormeggiarsi (vr)	**ankoroj**	[ankorój]
salpare (vi)	**niset**	[nísɛt]
viaggio (m)	**udhëtim** (m)	[uðətím]
crociera (f)	**udhëtim me krocierë** (f)	[uðətím mɛ krotsiérə]
rotta (f)	**kursi i udhëtimit** (m)	[kúrsi i uðətímit]
itinerario (m)	**itinerar** (m)	[itinɛrár]
tratto (m) navigabile	**ujëra të lundrueshme** (f)	[újəra tə lundrúɛʃmɛ]
secca (f)	**cekëtinë** (f)	[tsɛkətínə]
arenarsi (vr)	**bllokohet në rërë**	[bɫokóhɛt nə rərə]
tempesta (f)	**stuhi** (f)	[stuhí]
segnale (m)	**sinjal** (m)	[siɲál]
affondare (andare a fondo)	**fundoset**	[fundósɛt]
Uomo in mare!	**Njeri në det!**	[ɲɛrí nə dɛt!]
SOS	**SOS** (m)	[sos]
salvagente (m) anulare	**bovë shpëtuese** (f)	[bóvə ʃpətúɛsɛ]

CITTÀ

27. Mezzi pubblici in città

autobus (m)	autobus (m)	[autobús]
tram (m)	tramvaj (m)	[tramváj]
filobus (m)	autobus tramvaj (m)	[autobús tramváj]
itinerario (m)	itinerar (m)	[itinɛrár]
numero (m)	numër (m)	[númər]
andare in ...	udhëtoj me ...	[uðətój mɛ ...]
salire (~ sull'autobus)	hip	[hip]
scendere da ...	zbres ...	[zbrɛs ...]
fermata (f) (~ dell'autobus)	stacion (m)	[statsión]
prossima fermata (f)	stacioni tjetër (m)	[statsióni tjétər]
capolinea (m)	terminal (m)	[tɛrminál]
orario (m)	orar (m)	[orár]
aspettare (vt)	pres	[prɛs]
biglietto (m)	biletë (f)	[bilétə]
prezzo (m) del biglietto	çmim bilete (m)	[tʃmím bilétɛ]
cassiere (m)	shitës biletash (m)	[ʃítəs bilétaʃ]
controllo (m) dei biglietti	kontroll biletash (m)	[kontróɫ bilétaʃ]
bigliettaio (m)	kontrollues biletash (m)	[kontroɫúɛs bilétaʃ]
essere in ritardo	vonohem	[vonóhɛm]
perdere (~ il treno)	humbas	[humbás]
avere fretta	nxitoj	[ndzitój]
taxi (m)	taksi (m)	[táksi]
taxista (m)	shofer taksie (m)	[ʃofér taksíɛ]
in taxi	me taksi	[mɛ táksi]
parcheggio (m) di taxi	stacion taksish (m)	[statsión táksiʃ]
chiamare un taxi	thërras taksi	[θərás táksi]
prendere un taxi	marr taksi	[mar táksi]
traffico (m)	trafik (m)	[trafík]
ingorgo (m)	bllokim trafiku (m)	[bɫokím trafíku]
ore (f pl) di punta	orë e trafikut të rëndë (f)	[órə ɛ trafíkut tə rəndə]
parcheggiarsi (vr)	parkoj	[parkój]
parcheggiare (vt)	parkim	[parkím]
parcheggio (m)	parking (m)	[parkíŋ]
metropolitana (f)	metro (f)	[mɛtró]
stazione (f)	stacion (m)	[statsión]
prendere la metropolitana	shkoj me metro	[ʃkoj mɛ métro]
treno (m)	tren (m)	[trɛn]
stazione (f) ferroviaria	stacion treni (m)	[statsión tréni]

28. Città. Vita di città

città (f)	qytet (m)	[cytét]
capitale (f)	kryeqytet (m)	[kryɛcytét]
villaggio (m)	fshat (m)	[ffát]
mappa (f) della città	hartë e qytetit (f)	[hártə ɛ cytétit]
centro (m) della città	qendër e qytetit (f)	[céndər ɛ cytétit]
sobborgo (m)	periferi (f)	[pɛrifɛrí]
suburbano (agg)	periferik	[pɛrifɛrík]
periferia (f)	periferia (f)	[pɛrifɛría]
dintorni (m pl)	periferia (f)	[pɛrifɛría]
isolato (m)	bllok pallatesh (m)	[bɫók paɫátɛʃ]
quartiere residenziale	bllok banimi (m)	[bɫók baními]
traffico (m)	trafik (m)	[trafík]
semaforo (m)	semafor (m)	[sɛmafór]
trasporti (m pl) urbani	transport publik (m)	[transpórt publík]
incrocio (m)	kryqëzim (m)	[krycəzím]
passaggio (m) pedonale	kalim për këmbësorë (m)	[kalím pər kəmbəsórə]
sottopassaggio (m)	nënkalim për këmbësorë (m)	[nənkalím pər kəmbəsórə]
attraversare (vt)	kapërcej	[kapərtséj]
pedone (m)	këmbësor (m)	[kəmbəsór]
marciapiede (m)	trotuar (m)	[trotuár]
ponte (m)	urë (f)	[úrə]
banchina (f)	breg lumi (m)	[brɛg lúmi]
fontana (f)	shatërvan (m)	[ʃatərván]
vialetto (m)	rrugëz (m)	[rúgəz]
parco (m)	park (m)	[park]
boulevard (m)	bulevard (m)	[bulɛvárd]
piazza (f)	shesh (m)	[ʃɛʃ]
viale (m), corso (m)	bulevard (m)	[bulɛvárd]
via (f), strada (f)	rrugë (f)	[rúgə]
vicolo (m)	rrugë dytësore (f)	[rúgə dytəsórɛ]
vicolo (m) cieco	rrugë pa krye (f)	[rúgə pa krýɛ]
casa (f)	shtëpi (f)	[ʃtəpí]
edificio (m)	ndërtesë (f)	[ndərtésə]
grattacielo (m)	qiellgërvishtës (m)	[ciɛɫgərvíʃtəs]
facciata (f)	fasadë (f)	[fasádə]
tetto (m)	çati (f)	[tʃatí]
finestra (f)	dritare (f)	[dritárɛ]
arco (m)	hark (m)	[hárk]
colonna (f)	kolonë (f)	[kolónə]
angolo (m)	kënd (m)	[kénd]
vetrina (f)	vitrinë (f)	[vitrínə]
insegna (f) (di negozi, ecc.)	tabelë (f)	[tabélə]
cartellone (m)	poster (m)	[postér]
cartellone (m) pubblicitario	afishe reklamuese (f)	[afíʃɛ rɛklamúɛsɛ]

tabellone (m) pubblicitario	tabelë reklamash (f)	[tabéle rɛklámaʃ]
pattume (m), spazzatura (f)	plehra (f)	[pléhra]
pattumiera (f)	kosh plehrash (m)	[koʃ pléhraʃ]
sporcare (vi)	hedh mbeturina	[hɛð mbɛturína]
discarica (f) di rifiuti	deponi plehrash (f)	[dɛponí pléhraʃ]

cabina (f) telefonica	kabinë telefonike (f)	[kabíne tɛlɛfoníkɛ]
lampione (m)	shtyllë dritash (f)	[ʃtýle drítaʃ]
panchina (f)	stol (m)	[stol]

poliziotto (m)	polic (m)	[políts]
polizia (f)	polici (f)	[politsí]
mendicante (m)	lypës (m)	[lýpes]
barbone (m)	i pastrehë (m)	[i pastréhe]

29. Servizi cittadini

negozio (m)	dyqan (m)	[dycán]
farmacia (f)	farmaci (f)	[farmatsí]
ottica (f)	optikë (f)	[optíke]
centro (m) commerciale	qendër tregtare (f)	[cénder trɛgtárɛ]
supermercato (m)	supermarket (m)	[supɛrmarkét]

panetteria (f)	furrë (f)	[fúre]
fornaio (m)	furrtar (m)	[furtár]
pasticceria (f)	pastiçeri (f)	[pastitʃɛrí]
drogheria (f)	dyqan ushqimor (m)	[dycán uʃcimór]
macelleria (f)	dyqan mishi (m)	[dycán míʃi]

fruttivendolo (m)	dyqan fruta-perimesh (m)	[dycán frúta-pɛrímɛʃ]
mercato (m)	treg (m)	[trɛg]

caffè (m)	kafene (f)	[kafɛné]
ristorante (m)	restorant (m)	[rɛstoránt]
birreria (f), pub (m)	pab (m), pijetore (f)	[pab], [pijɛtórɛ]
pizzeria (f)	piceri (f)	[pitsɛrí]

salone (m) di parrucchiere	parukeri (f)	[parukɛrí]
ufficio (m) postale	zyrë postare (f)	[zýre postárɛ]
lavanderia (f) a secco	pastrim kimik (m)	[pastrím kimík]
studio (m) fotografico	studio fotografike (f)	[stúdio fotografíkɛ]

negozio (m) di scarpe	dyqan këpucësh (m)	[dycán kepútseʃ]
libreria (f)	librari (f)	[librarí]
negozio (m) sportivo	dyqan me mallra sportivë (m)	[dycán mɛ máɬra sportíve]

riparazione (f) di abiti	rrobaqepësi (f)	[robacɛpesí]
noleggio (m) di abiti	dyqan veshjesh me qira (m)	[dycán véʃjeʃ mɛ cirá]
noleggio (m) di film	dyqan videosh me qira (m)	[dycán vídeoʃ mɛ cirá]

circo (m)	cirk (m)	[tsírk]
zoo (m)	kopsht zoologjik (m)	[kópʃt zooloɟík]
cinema (m)	kinema (f)	[kinɛmá]

museo (m)	muze (m)	[muzé]
biblioteca (f)	bibliotekë (f)	[bibliotékə]
teatro (m)	teatër (m)	[tɛátər]
teatro (m) dell'opera	opera (f)	[opéra]
locale notturno (m)	klub nate (m)	[klúb nátɛ]
casinò (m)	kazino (f)	[kazíno]
moschea (f)	xhami (f)	[dʒamí]
sinagoga (f)	sinagogë (f)	[sinagógə]
cattedrale (f)	katedrale (f)	[katɛdrálɛ]
tempio (m)	tempull (m)	[témpuɫ]
chiesa (f)	kishë (f)	[kíʃə]
istituto (m)	kolegj (m)	[koléɟ]
università (f)	universitet (m)	[univɛrsitét]
scuola (f)	shkollë (f)	[ʃkóɫə]
prefettura (f)	prefekturë (f)	[prɛfɛktúrə]
municipio (m)	bashki (f)	[baʃkí]
albergo, hotel (m)	hotel (m)	[hotél]
banca (f)	bankë (f)	[bánkə]
ambasciata (f)	ambasadë (f)	[ambasádə]
agenzia (f) di viaggi	agjenci udhëtimesh (f)	[aɟɛntsí uðətímɛʃ]
ufficio (m) informazioni	zyrë informacioni (f)	[zýrə informatsióni]
ufficio (m) dei cambi	këmbim valutor (m)	[kəmbím valutór]
metropolitana (f)	metro (f)	[mɛtró]
ospedale (m)	spital (m)	[spitál]
distributore (m) di benzina	pikë karburanti (f)	[píkə karburánti]
parcheggio (m)	parking (m)	[parkíŋ]

30. Cartelli

insegna (f) (di negozi, ecc.)	tabelë (f)	[tabélə]
iscrizione (f)	njoftim (m)	[ɲoftím]
cartellone (m)	poster (m)	[postér]
segnale (m) di direzione	tabelë drejtuese (f)	[tabélə drɛjtúɛsɛ]
freccia (f)	shigjetë (f)	[ʃiɟétə]
avvertimento (m)	kujdes (m)	[kujdés]
avviso (m)	shenjë paralajmëruese (f)	[ʃéɲə paralajmərúɛsɛ]
avvertire, avvisare (vt)	paralajmëroj	[paralajmərój]
giorno (m) di riposo	ditë pushimi (f)	[dítə puʃími]
orario (m)	orar (m)	[orár]
orario (m) di apertura	orari i punës (m)	[orári i púnəs]
BENVENUTI!	MIRË SE VINI!	[mírə sɛ víni!]
ENTRATA	HYRJE	[hýrjɛ]
USCITA	DALJE	[dáljɛ]
SPINGERE	SHTY	[ʃty]

TIRARE	TËRHIQ	[tərhíc]
APERTO	HAPUR	[hápur]
CHIUSO	MBYLLUR	[mbýɫur]

| DONNE | GRA | [gra] |
| UOMINI | BURRA | [búra] |

SCONTI	ZBRITJE	[zbrítjɛ]
SALDI	ULJE	[úljɛ]
NOVITÀ!	TË REJA!	[tə réja!]
GRATIS	FALAS	[fálas]

ATTENZIONE!	KUJDES!	[kujdés!]
COMPLETO	NUK KA VENDE TË LIRA	[nuk ka véndɛ tə líra]
RISERVATO	E REZERVUAR	[ɛ rɛzɛrvúar]

AMMINISTRAZIONE	ADMINISTRATA	[administráta]
RISERVATO	VETËM PËR STAFIN	[vétəm pər stáfin]
AL PERSONALE		

ATTENTI AL CANE	RUHUNI NGA QENI!	[rúhuni ŋa céni!]
VIETATO FUMARE!	NDALOHET DUHANI	[ndalóhɛt duháni]
NON TOCCARE	MOS PREK!	[mos prék!]

PERICOLOSO	TË RREZIKSHME	[tə rɛzíkʃmɛ]
PERICOLO	RREZIK	[rɛzík]
ALTA TENSIONE	TENSION I LARTË	[tɛnsión i lártə]
DIVIETO DI BALNEAZIONE	NUK LEJOHET NOTI!	[nuk lɛjóhɛt nóti!]
GUASTO	E PRISHUR	[ɛ príʃur]

INFIAMMABILE	LËNDË DJEGËSE	[ləndə djégəsɛ]
VIETATO	E NDALUAR	[ɛ ndalúar]
VIETATO L'INGRESSO	NDALOHET HYRJA	[ndalóhɛt hýrja]
VERNICE FRESCA	BOJË E FRESKËT	[bójə ɛ fréskət]

31. Acquisti

comprare (vt)	blej	[blɛj]
acquisto (m)	blerje (f)	[blérjɛ]
fare acquisti	shkoj për pazar	[ʃkoj pər pazár]
shopping (m)	pazar (m)	[pazár]

| essere aperto (negozio) | hapur | [hápur] |
| essere chiuso | mbyllur | [mbýɫur] |

calzature (f pl)	këpucë (f)	[kəpútsə]
abbigliamento (m)	veshje (f)	[véʃjɛ]
cosmetica (f)	kozmetikë (f)	[kozmɛtíkə]
alimentari (m pl)	mallra ushqimore (f)	[máɫra uʃcimórɛ]
regalo (m)	dhuratë (f)	[ðurátə]

commesso (m)	shitës (m)	[ʃítəs]
commessa (f)	shitëse (f)	[ʃítəsɛ]
cassa (f)	arkë (f)	[árkə]

specchio (m)	pasqyrë (f)	[pascýrǝ]
banco (m)	banak (m)	[bának]
camerino (m)	dhomë prove (f)	[ðómǝ próvɛ]

provare (~ un vestito)	provoj	[provój]
stare bene (vestito)	më rri mirë	[mǝ ri mírǝ]
piacere (vi)	pëlqej	[pǝlcéj]

prezzo (m)	çmim (m)	[tʃmím]
etichetta (f) del prezzo	etiketa e çmimit (f)	[ɛtikéta ɛ tʃmímit]
costare (vt)	kushton	[kuʃtón]
Quanto?	Sa?	[sa?]
sconto (m)	ulje (f)	[úljɛ]

no muy caro (agg)	jo e shtrenjtë	[jo ɛ ʃtréɲtǝ]
a buon mercato	e lirë	[ɛ lírǝ]
caro (agg)	i shtrenjtë	[i ʃtréɲtǝ]
È caro	Është e shtrenjtë	[éʃtǝ ɛ ʃtréɲtǝ]

noleggio (m)	qiramarrje (f)	[ciramárjɛ]
noleggiare (~ un abito)	marr me qira	[mar mɛ cirá]
credito (m)	kredit (m)	[krɛdít]
a credito	me kredi	[mɛ krɛdí]

ABBIGLIAMENTO E ACCESSORI

32. Indumenti. Soprabiti

vestiti (m pl)	rroba (f)	[róba]
soprabito (m)	veshje e sipërme (f)	[véʃʃɛ ɛ sípərmɛ]
abiti (m pl) invernali	veshje dimri (f)	[véʃʃɛ dímri]
cappotto (m)	pallto (f)	[páɫto]
pelliccia (f)	gëzof (m)	[gəzóf]
pellicciotto (m)	xhaketë lëkure (f)	[dʒakétə ləkúrɛ]
piumino (m)	xhup (m)	[dʒup]
giubbotto (m), giaccha (f)	xhaketë (f)	[dʒakétə]
impermeabile (m)	pardesy (f)	[pardɛsý]
impermeabile (agg)	kundër shiut	[kúndər ʃiut]

33. Abbigliamento uomo e donna

camicia (f)	këmishë (f)	[kəmíʃə]
pantaloni (m pl)	pantallona (f)	[pantaɫóna]
jeans (m pl)	xhinse (f)	[dʒínsɛ]
giacca (f) (~ di tweed)	xhaketë kostumi (f)	[dʒakétə kostúmi]
abito (m) da uomo	kostum (m)	[kostúm]
abito (m)	fustan (m)	[fustán]
gonna (f)	fund (m)	[fund]
camicetta (f)	bluzë (f)	[blúzə]
giacca (f) a maglia	xhaketë me thurje (f)	[dʒakétə mɛ θúrjɛ]
giacca (f) tailleur	xhaketë femrash (f)	[dʒakétə fémraʃ]
maglietta (f)	bluzë (f)	[blúzə]
pantaloni (m pl) corti	pantallona të shkurta (f)	[pantaɫóna tə ʃkúrtra]
tuta (f) sportiva	tuta sportive (f)	[túta sportívɛ]
accappatoio (m)	peshqir trupi (m)	[pɛʃcír trúpi]
pigiama (m)	pizhame (f)	[piʒámɛ]
maglione (m)	triko (f)	[tríko]
pullover (m)	pulovër (m)	[pulóvər]
gilè (m)	jelek (m)	[jɛlék]
frac (m)	frak (m)	[frak]
smoking (m)	smoking (m)	[smokíŋ]
uniforme (f)	uniformë (f)	[unifórmə]
tuta (f) da lavoro	rroba pune (f)	[róba púnɛ]
salopette (f)	kominoshe (f)	[kominóʃɛ]
camice (m) (~ del dottore)	uniformë (f)	[unifórmə]

34. Abbigliamento. Biancheria intima

biancheria (f) intima	të brendshme (f)	[tə bréndʃmɛ]
boxer (m pl)	boksera (f)	[bokséra]
mutandina (f)	brekë (f)	[brékə]
maglietta (f) intima	fanellë (f)	[fanétə]
calzini (m pl)	çorape (pl)	[tʃorápɛ]

camicia (f) da notte	këmishë nate (f)	[kəmíʃə nátɛ]
reggiseno (m)	sytjena (f)	[sytjéna]
calzini (m pl) alti	çorape déri tek gjuri (pl)	[tʃorápɛ déri ték ɟúri]
collant (m)	geta (f)	[géta]
calze (f pl)	çorape të holla (pl)	[tʃorápɛ tə hóta]
costume (m) da bagno	rrobë banje (f)	[róbə bápɛ]

35. Copricapo

cappello (m)	kapelë (f)	[kapélə]
cappello (m) di feltro	kapelë republike (f)	[kapélə rɛpublíkɛ]
cappello (m) da baseball	kapelë bejsbolli (f)	[kapélə bɛjsbóti]
coppola (f)	kapelë e sheshtë (f)	[kapélə ɛ ʃéʃtə]

basco (m)	beretë (f)	[bɛrétə]
cappuccio (m)	kapuç (m)	[kapútʃ]
panama (m)	kapelë panama (f)	[kapélə panamá]
berretto (m) a maglia	kapuç leshi (m)	[kapútʃ léʃi]

| fazzoletto (m) da capo | shami (f) | [ʃamí] |
| cappellino (m) donna | kapelë femrash (f) | [kapélə fémraʃ] |

casco (m) (~ di sicurezza)	helmetë (f)	[hɛlmétə]
bustina (f)	kapelë ushtrie (f)	[kapélə uʃtríɛ]
casco (m) (~ moto)	helmetë (f)	[hɛlmétə]

| bombetta (f) | kapelë derby (f) | [kapélə dérby] |
| cilindro (m) | kapelë cilindër (f) | [kapélə tsilíndər] |

36. Calzature

calzature (f pl)	këpucë (pl)	[kəpútsə]
stivaletti (m pl)	këpucë burrash (pl)	[kəpútsə búraʃ]
scarpe (f pl)	këpucë grash (pl)	[kəpútsə gráʃ]
stivali (m pl)	çizme (pl)	[tʃízmɛ]
pantofole (f pl)	pantofla (pl)	[pantófla]

scarpe (f pl) da tennis	atlete tenisi (pl)	[atlétɛ tɛnísi]
scarpe (f pl) da ginnastica	atlete (pl)	[atlétɛ]
sandali (m pl)	sandale (pl)	[sandálɛ]

| calzolaio (m) | këpucëtar (m) | [kəputsətár] |
| tacco (m) | takë (f) | [tákə] |

paio (m)	palë (f)	[pálə]
laccio (m)	lidhëse këpucësh (f)	[líðəsɛ kəpútsəʃ]
allacciare (vt)	lidh këpucët	[lið kəpútsət]
calzascarpe (m)	lugë këpucësh (f)	[lúgə kəpútsəʃ]
lucido (m) per le scarpe	bojë këpucësh (f)	[bójə kəpútsəʃ]

37. Accessori personali

guanti (m pl)	dorëza (pl)	[dórəza]
manopole (f pl)	doreza (f)	[doréza]
sciarpa (f)	shall (m)	[ʃaɫ]

occhiali (m pl)	syze (f)	[sýzɛ]
montatura (f)	skelet syzesh (m)	[skɛlét sýzɛʃ]
ombrello (m)	çadër (f)	[tʃádər]
bastone (m)	bastun (m)	[bastún]
spazzola (f) per capelli	furçe flokësh (f)	[fúrtʃə flókəʃ]
ventaglio (m)	erashkë (f)	[ɛráʃkə]

cravatta (f)	kravatë (f)	[kravátə]
cravatta (f) a farfalla	papion (m)	[papión]
bretelle (f pl)	aski (pl)	[askí]
fazzoletto (m)	shami (f)	[ʃamí]

pettine (m)	krehër (m)	[kréhər]
fermaglio (m)	kapëse flokësh (f)	[kápəsɛ flókəʃ]
forcina (f)	karficë (f)	[karfítsə]
fibbia (f)	tokëz (f)	[tókəz]

cintura (f)	rrip (m)	[rip]
spallina (f)	rrip supi (m)	[rip súpi]

borsa (f)	çantë dore (f)	[tʃántə dórɛ]
borsetta (f)	çantë (f)	[tʃántə]
zaino (m)	çantë shpine (f)	[tʃántə ʃpínɛ]

38. Abbigliamento. Varie

moda (f)	modë (f)	[módə]
di moda	në modë	[nə módə]
stilista (m)	stilist (m)	[stilíst]

collo (m)	jakë (f)	[jákə]
tasca (f)	xhep (m)	[dʒɛp]
tascabile (agg)	i xhepit	[i dʒépit]
manica (f)	mëngë (f)	[mə́ŋə]
asola (f) per appendere	hallkë për varje (f)	[háɫkə pər várjɛ]
patta (f) (~ dei pantaloni)	zinxhir (m)	[zindʒír]

cerniera (f) lampo	zinxhir (m)	[zindʒír]
chiusura (f)	kapëse (f)	[kápəsɛ]
bottone (m)	kopsë (f)	[kópsə]

| occhiello (m) | vrimë kopse (f) | [vrímə kópsɛ] |
| staccarsi (un bottone) | këputet | [kəpútɛt] |

cucire (vi, vt)	qep	[cɛp]
ricamare (vi, vt)	qëndis	[cəndís]
ricamo (m)	qëndisje (f)	[cəndísjɛ]
ago (m)	gjilpërë për qepje (f)	[ɟilpérə pər cépjɛ]
filo (m)	pe (m)	[pɛ]
cucitura (f)	tegel (m)	[tɛgél]

sporcarsi (vr)	bëhem pis	[béhɛm pis]
macchia (f)	njollë (f)	[ɲótə]
sgualcirsi (vr)	zhubros	[ʒubrós]
strappare (vt)	gris	[gris]
tarma (f)	molë rrobash (f)	[mólə róbaʃ]

39. Cura della persona. Cosmetici

dentifricio (m)	pastë dhëmbësh (f)	[pástə ðémbəʃ]
spazzolino (m) da denti	furçë dhëmbësh (f)	[fúrtʃə ðémbəʃ]
lavarsi i denti	laj dhëmbët	[laj ðémbət]

rasoio (m)	brisk (m)	[brísk]
crema (f) da barba	pastë rroje (f)	[pástə rójɛ]
rasarsi (vr)	rruhem	[rúhɛm]

| sapone (m) | sapun (m) | [sapún] |
| shampoo (m) | shampo (f) | [ʃampó] |

forbici (f pl)	gërshërë (f)	[gərʃérə]
limetta (f)	limë thonjsh (f)	[límə θóɲʃ]
tagliaunghie (m)	prerëse thonjsh (f)	[prérəsɛ θóɲʃ]
pinzette (f pl)	piskatore vetullash (f)	[piskatórɛ vétuɬaʃ]

cosmetica (f)	kozmetikë (f)	[kozmɛtíkə]
maschera (f) di bellezza	maskë fytyre (f)	[máskə fytýrɛ]
manicure (m)	manikyr (m)	[manikýr]
fare la manicure	bëj manikyr	[bəj manikýr]
pedicure (m)	pedikyr (m)	[pɛdikýr]

borsa (f) del trucco	çantë kozmetike (f)	[tʃántə kozmɛtíkɛ]
cipria (f)	pudër fytyre (f)	[púdər fytýrɛ]
portacipria (m)	pudër kompakte (f)	[púdər kompáktɛ]
fard (m)	ruzh (m)	[ruʒ]

profumo (m)	parfum (m)	[parfúm]
acqua (f) da toeletta	parfum (m)	[parfúm]
lozione (f)	krem (m)	[krɛm]
acqua (f) di Colonia	kolonjë (f)	[kolóɲə]

ombretto (m)	rimel (m)	[rimél]
eyeliner (m)	laps për sy (m)	[láps pər sy]
mascara (m)	rimel (m)	[rimél]
rossetto (m)	buzëkuq (m)	[buzəkúc]

smalto (m)	**llak për thonj** (m)	[ɬak pər θóɲ]
lacca (f) per capelli	**llak flokësh** (m)	[ɬak flókəʃ]
deodorante (m)	**deodorant** (m)	[dɛodoránt]

crema (f)	**krem** (m)	[krɛm]
crema (f) per il viso	**krem për fytyrë** (m)	[krɛm pər fytýrə]
crema (f) per le mani	**krem për duar** (m)	[krɛm pər dúar]
crema (f) antirughe	**krem kundër rrudhave** (m)	[krɛm kúndər rúðavɛ]
crema (f) da giorno	**krem dite** (m)	[krɛm dítɛ]
crema (f) da notte	**krem nate** (m)	[krɛm nátɛ]
da giorno	**dite**	[dítɛ]
da notte	**nate**	[nátɛ]

tampone (m)	**tampon** (m)	[tampón]
carta (f) igienica	**letër higjienike** (f)	[létər hiɟiɛníkɛ]
fon (m)	**tharëse flokësh** (f)	[θárəsɛ flókəʃ]

40. Orologi da polso. Orologio

orologio (m) (~ da polso)	**orë dore** (f)	[órə dórɛ]
quadrante (m)	**faqe e orës** (f)	[fácɛ ɛ órəs]
lancetta (f)	**akrep** (m)	[akrép]
braccialetto (m)	**rrip metalik ore** (m)	[rip mɛtalík órɛ]
cinturino (m)	**rrip ore** (m)	[rip órɛ]

pila (f)	**bateri** (f)	[batɛrí]
essere scarico	**e shkarkuar**	[ɛ ʃkarkúar]
cambiare la pila	**ndërroj baterinë**	[ndərój batɛrínə]
andare avanti	**kalon shpejt**	[kalón ʃpéjt]
andare indietro	**ngel prapa**	[ŋɛl prápa]

orologio (m) da muro	**orë muri** (f)	[órə múri]
clessidra (f)	**orë rëre** (f)	[órə rərɛ]
orologio (m) solare	**orë diellore** (f)	[órə diɛɬórɛ]
sveglia (f)	**orë me zile** (f)	[órə mɛ zílɛ]
orologiaio (m)	**orëndreqës** (m)	[orəndrécəs]
riparare (vt)	**ndreq**	[ndréc]

L'ESPERIENZA QUOTIDIANA

41. Denaro

soldi (m pl)	para (f)	[pará]
cambio (m)	këmbim valutor (m)	[kəmbím valutór]
corso (m) di cambio	kurs këmbimi (m)	[kurs kəmbími]
bancomat (m)	bankomat (m)	[bankomát]
moneta (f)	monedhë (f)	[monéðə]
dollaro (m)	dollar (m)	[dołár]
euro (m)	euro (f)	[éuro]
lira (f)	lirë (f)	[lírə]
marco (m)	Marka gjermane (f)	[márka ɟɛrmánɛ]
franco (m)	franga (f)	[fráŋa]
sterlina (f)	sterlina angleze (f)	[stɛrlína aŋlézɛ]
yen (m)	jen (m)	[jén]
debito (m)	borxh (m)	[bórdʒ]
debitore (m)	debitor (m)	[dɛbitór]
prestare (~ i soldi)	jap hua	[jap huá]
prendere in prestito	marr hua	[mar huá]
banca (f)	bankë (f)	[bánkə]
conto (m)	llogari (f)	[łogarí]
versare (vt)	depozitoj	[dɛpozitój]
versare sul conto	depozitoj në llogari	[dɛpozitój nə łogarí]
prelevare dal conto	tërheq	[tərhéc]
carta (f) di credito	kartë krediti (f)	[kártə krɛdíti]
contanti (m pl)	kesh (m)	[kɛʃ]
assegno (m)	çek (m)	[tʃɛk]
emettere un assegno	lëshoj një çek	[ləʃój ɲə tʃék]
libretto (m) di assegni	bllok çeqesh (m)	[błók tʃécɛʃ]
portafoglio (m)	portofol (m)	[portofól]
borsellino (m)	kuletë (f)	[kulétə]
cassaforte (f)	kasafortë (f)	[kasafórtə]
erede (m)	trashëgimtar (m)	[traʃəgimtár]
eredità (f)	trashëgimi (f)	[traʃəgimí]
fortuna (f)	pasuri (f)	[pasurí]
affitto (m), locazione (f)	qira (f)	[cirá]
canone (m) d'affitto	qiraja (f)	[cirája]
affittare (dare in affitto)	marr me qira	[mar mɛ cirá]
prezzo (m)	çmim (m)	[tʃmím]
costo (m)	kosto (f)	[kósto]

somma (f)	shumë (f)	[ʃúmə]
spendere (vt)	shpenzoj	[ʃpɛnzój]
spese (f pl)	shpenzime (f)	[ʃpɛnzímɛ]
economizzare (vi, vt)	kursej	[kurséj]
economico (agg)	ekonomik	[ɛkonomík]

pagare (vi, vt)	paguaj	[pagúaj]
pagamento (m)	pagesë (f)	[pagésə]
resto (m) (dare il ~)	kusur (m)	[kusúr]

imposta (f)	taksë (f)	[táksə]
multa (f), ammenda (f)	gjobë (f)	[ɟóbə]
multare (vt)	vendos gjobë	[vɛndós ɟóbə]

42. Posta. Servizio postale

ufficio (m) postale	zyrë postare (f)	[zýrə postárɛ]
posta (f) (lettere, ecc.)	postë (f)	[póstə]
postino (m)	postier (m)	[postiér]
orario (m) di apertura	orari i punës (m)	[orári i púnəs]

lettera (f)	letër (f)	[létər]
raccomandata (f)	letër rekomande (f)	[létər rɛkomándɛ]
cartolina (f)	kartolinë (f)	[kartolínə]
telegramma (m)	telegram (m)	[tɛlɛgrám]
pacco (m) postale	pako (f)	[páko]
vaglia (m) postale	transfer parash (m)	[transfér paráʃ]

ricevere (vt)	pranoj	[pranój]
spedire (vt)	dërgoj	[dərgój]
invio (m)	dërgesë (f)	[dərgésə]
indirizzo (m)	adresë (f)	[adrésə]
codice (m) postale	kodi postar (m)	[kódi postár]
mittente (m)	dërguesi (m)	[dərgúɛsi]
destinatario (m)	pranues (m)	[pranúɛs]

nome (m)	emër (m)	[émər]
cognome (m)	mbiemër (m)	[mbiémər]
tariffa (f)	tarifë postare (f)	[tarífə postárɛ]
ordinario (agg)	standard	[standárd]
standard (agg)	ekonomike	[ɛkonomíkɛ]

peso (m)	peshë (f)	[péʃə]
pesare (vt)	peshoj	[pɛʃój]
busta (f)	zarf (m)	[zarf]
francobollo (m)	pullë postare (f)	[pútə postárɛ]
affrancare (vt)	vendos pullën postare	[vɛndós pútən postárɛ]

43. Attività bancaria

| banca (f) | bankë (f) | [bánkə] |
| filiale (f) | degë (f) | [dégə] |

| consulente (m) | punonjës banke (m) | [punóɲəs bánkɛ] |
| direttore (m) | drejtor (m) | [drɛjtór] |

conto (m) bancario	llogari bankare (f)	[ɫogarí bankárɛ]
numero (m) del conto	numër llogarie (m)	[númər ɫogaríɛ]
conto (m) corrente	llogari rrjedhëse (f)	[ɫogarí rjéðəsɛ]
conto (m) di risparmio	llogari kursimesh (f)	[ɫogarí kursímɛʃ]

aprire un conto	hap një llogari	[hap ɲə ɫogarí]
chiudere il conto	mbyll një llogari	[mbýɫ ɲə ɫogarí]
versare sul conto	depozitoj në llogari	[dɛpozitój nə ɫogarí]
prelevare dal conto	tërheq	[tərhéc]

deposito (m)	depozitë (f)	[dɛpozítə]
depositare (vt)	kryej një depozitim	[krýɛj ɲə dɛpozitím]
trasferimento (m) telegrafico	transfer bankar (m)	[transfér bankár]
rimettere i soldi	transferoj para	[transfɛrój pará]

| somma (f) | shumë (f) | [ʃúmə] |
| Quanto? | Sa? | [sa?] |

| firma (f) | nënshkrim (m) | [nənʃkrím] |
| firmare (vt) | nënshkruaj | [nənʃkrúaj] |

carta (f) di credito	kartë krediti (f)	[kártə krɛdíti]
codice (m)	kodi PIN (m)	[kódi pin]
numero (m) della carta di credito	numri i kartës së kreditit (m)	[númri i kártəs sə krɛdítit]
bancomat (m)	bankomat (m)	[bankomát]

assegno (m)	çek (m)	[tʃɛk]
emettere un assegno	lëshoj një çek	[ləʃój ɲə tʃék]
libretto (m) di assegni	bllok çeqesh (m)	[bɫók tʃécɛʃ]

prestito (m)	kredi (f)	[krɛdí]
fare domanda per un prestito	aplikoj për kredi	[aplikój pər krɛdí]
ottenere un prestito	marr kredi	[mar krɛdí]
concedere un prestito	jap kredi	[jap krɛdí]
garanzia (f)	garanci (f)	[garantsí]

44. Telefono. Conversazione telefonica

telefono (m)	telefon (m)	[tɛlɛfón]
telefonino (m)	celular (m)	[tsɛlulár]
segreteria (f) telefonica	sekretari telefonike (f)	[sɛkrɛtarí tɛlɛfoníkɛ]

| telefonare (vi, vt) | telefonoj | [tɛlɛfonój] |
| chiamata (f) | telefonatë (f) | [tɛlɛfonátə] |

comporre un numero	i bie numrit	[i bíɛ númrit]
Pronto!	Përshëndetje!	[pərʃəndétjɛ!]
chiedere (domandare)	pyes	[pýɛs]
rispondere (vi, vt)	përgjigjem	[pərɟíɟɛm]
udire (vt)	dëgjoj	[dəɟój]

bene	mirë	[mírə]
male	jo mirë	[jo mírə]
disturbi (m pl)	zhurmë (f)	[ʒúrmə]

cornetta (f)	marrës (m)	[márəs]
alzare la cornetta	ngre telefonin	[ŋré tɛlɛfónin]
riattaccare la cornetta	mbyll telefonin	[mbýɫ tɛlɛfónin]

occupato (agg)	i zënë	[i zə́nə]
squillare (del telefono)	bie zilja	[bíɛ zílja]
elenco (m) telefonico	numerator telefonik (m)	[numɛratór tɛlɛfoník]

locale (agg)	lokale	[lokálɛ]
telefonata (f) urbana	thirrje lokale (f)	[θírjɛ lokálɛ]
interurbano (agg)	distancë e largët	[distántsə ɛ lárgət]
telefonata (f) interurbana	thirrje në distancë (f)	[θírjɛ nə distántsə]
internazionale (agg)	ndërkombëtar	[ndərkombətár]
telefonata (f) internazionale	thirrje ndërkombëtare (f)	[θírjɛ ndərkombətárɛ]

45. Telefono cellulare

telefonino (m)	celular (m)	[tsɛlulár]
schermo (m)	ekran (m)	[ɛkrán]
tasto (m)	buton (m)	[butón]
scheda SIM (f)	karta SIM (m)	[kárta sim]

pila (f)	bateri (f)	[batɛrí]
essere scarico	e shkarkuar	[ɛ ʃkarkúar]
caricabatteria (m)	karikues (m)	[karikúɛs]

menù (m)	menu (f)	[mɛnú]
impostazioni (f pl)	parametra (f)	[paramétra]
melodia (f)	melodi (f)	[mɛlodí]
scegliere (vt)	përzgjedh	[pərzɟéð]

calcolatrice (f)	makinë llogaritëse (f)	[makínə ɫogarítəsɛ]
segreteria (f) telefonica	postë zanore (f)	[póstə zanórɛ]
sveglia (f)	alarm (m)	[alárm]
contatti (m pl)	kontakte (pl)	[kontáktɛ]

| messaggio (m) SMS | SMS (m) | [ɛsɛmɛs] |
| abbonato (m) | abonent (m) | [abonént] |

46. Articoli di cancelleria

| penna (f) a sfera | stilolaps (m) | [stiloláps] |
| penna (f) stilografica | stilograf (m) | [stilográf] |

matita (f)	laps (m)	[láps]
evidenziatore (m)	shënjues (m)	[ʃəɲúɛs]
pennarello (m)	tushë me bojë (f)	[túʃə mɛ bójə]
taccuino (m)	bllok shënimesh (m)	[bɫók ʃənímɛʃ]

agenda (f)	agjendë (f)	[aɟéndə]
righello (m)	vizore (f)	[vizóɾɛ]
calcolatrice (f)	makinë llogaritëse (f)	[makínə ɬogarítəsɛ]
gomma (f) per cancellare	gomë (f)	[gómə]
puntina (f)	pineskë (f)	[pinéskə]
graffetta (f)	kapëse fletësh (f)	[kápəsɛ flétəʃ]

colla (f)	ngjitës (m)	[nɟítəs]
pinzatrice (f)	ngjitës metalik (m)	[nɟítəs mɛtalík]
perforatrice (f)	hapës vrimash (m)	[hápəs vrímaʃ]
temperamatite (m)	mprehëse lapsash (m)	[mpréhəsɛ lápsaʃ]

47. Lingue straniere

lingua (f)	gjuhë (f)	[ɟúhə]
straniero (agg)	huaj	[húaj]
lingua (f) straniera	gjuhë e huaj (f)	[ɟúhə ɛ húaj]
studiare (vt)	studioj	[studiój]
imparare (una lingua)	mësoj	[məsój]

leggere (vi, vt)	lexoj	[lɛdzój]
parlare (vi, vt)	flas	[flas]
capire (vt)	kuptoj	[kuptój]
scrivere (vi, vt)	shkruaj	[ʃkrúaj]

rapidamente	shpejt	[ʃpɛjt]
lentamente	ngadalë	[ŋadálə]
correntemente	rrjedhshëm	[rjéðʃəm]

regole (f pl)	rregullat (pl)	[réguɬat]
grammatica (f)	gramatikë (f)	[gramatíkə]
lessico (m)	fjalor (m)	[fjalór]
fonetica (f)	fonetikë (f)	[fonɛtíkə]

manuale (m)	tekst mësimor (m)	[tɛkst məsimór]
dizionario (m)	fjalor (m)	[fjalór]
manuale (m) autodidattico	libër i mësimit autodidakt (m)	[líbər i məsímit autodidákt]
frasario (m)	libër frazeologjik (m)	[líbər frazɛoloɟík]

cassetta (f)	kasetë (f)	[kasétə]
videocassetta (f)	videokasetë (f)	[vidɛokasétə]
CD (m)	CD (f)	[tsɛdé]
DVD (m)	DVD (m)	[dividí]

alfabeto (m)	alfabet (m)	[alfabét]
compitare (vt)	gërmëzoj	[gərməzój]
pronuncia (f)	shqiptim (m)	[ʃciptím]

accento (m)	aksent (m)	[aksént]
con un accento	me aksent	[mɛ aksént]
senza accento	pa aksent	[pa aksént]
vocabolo (m)	fjalë (f)	[fjálə]
significato (m)	kuptim (m)	[kuptím]

corso (m) (~ di francese)	kurs (m)	[kurs]
iscriversi (vr)	regjistrohem	[rɛɟistróhɛm]
insegnante (m, f)	mësues (m)	[məsúɛs]

traduzione (f) (fare una ~)	përkthim (m)	[pərkθím]
traduzione (f) (un testo)	përkthim (m)	[pərkθím]
traduttore (m)	përkthyes (m)	[pərkθýɛs]
interprete (m)	përkthyes (m)	[pərkθýɛs]

| poliglotta (m) | poliglot (m) | [poliglót] |
| memoria (f) | kujtesë (f) | [kujtésə] |

PASTI. RISTORANTE

48. Preparazione della tavola

cucchiaio (m)	lugë (f)	[lúgǝ]
coltello (m)	thikë (f)	[θíkǝ]
forchetta (f)	pirun (m)	[pirún]
tazza (f)	filxhan (m)	[fildʒán]
piatto (m)	pjatë (f)	[pjátǝ]
piattino (m)	pjatë filxhani (f)	[pjátǝ fildʒáni]
tovagliolo (m)	pecetë (f)	[pɛtsétǝ]
stuzzicadenti (m)	kruajtëse dhëmbësh (f)	[krúajtǝsɛ ðémbǝʃ]

49. Ristorante

ristorante (m)	restorant (m)	[rɛstoránt]
caffè (m)	kafene (f)	[kafɛné]
pub (m), bar (m)	pab (m), pijetore (f)	[pab], [pijɛtórɛ]
sala (f) da tè	çajtore (f)	[tʃajtórɛ]
cameriere (m)	kamerier (m)	[kamɛriér]
cameriera (f)	kameriere (f)	[kamɛriérɛ]
barista (m)	banakier (m)	[banakiér]
menù (m)	menu (f)	[mɛnú]
lista (f) dei vini	menu verërash (f)	[mɛnú vérǝraʃ]
prenotare un tavolo	rezervoj një tavolinë	[rɛzɛrvój ɲǝ tavolínǝ]
piatto (m)	pjatë (f)	[pjátǝ]
ordinare (~ il pranzo)	porosis	[porosís]
fare un'ordinazione	bëj porosinë	[bǝj porosínǝ]
aperitivo (m)	aperitiv (m)	[apɛritív]
antipasto (m)	antipastë (f)	[antipástǝ]
dolce (m)	ëmbëlsirë (f)	[ǝmbǝlsírǝ]
conto (m)	faturë (f)	[fatúrǝ]
pagare il conto	paguaj faturën	[paguaj fatúrǝn]
dare il resto	jap kusur	[jap kusúr]
mancia (f)	bakshish (m)	[bakʃíʃ]

50. Pasti

cibo (m)	ushqim (m)	[uʃcím]
mangiare (vi, vt)	ha	[ha]

colazione (f)	mëngjes (m)	[mənɟés]
fare colazione	ha mëngjes	[ha mənɟés]
pranzo (m)	drekë (f)	[drékə]
pranzare (vi)	ha drekë	[ha drékə]
cena (f)	darkë (f)	[dárkə]
cenare (vi)	ha darkë	[ha dárkə]

| appetito (m) | oreks (m) | [oréks] |
| Buon appetito! | Të bëftë mirë! | [tə bəftə mírə!] |

aprire (vt)	hap	[hap]
rovesciare (~ il vino, ecc.)	derdh	[dérð]
rovesciarsi (vr)	derdhje	[dérðjɛ]

bollire (vi)	ziej	[zíɛj]
far bollire	ziej	[zíɛj]
bollito (agg)	i zier	[i zíɛr]
raffreddare (vt)	ftoh	[ftoh]
raffreddarsi (vr)	ftohje	[ftóhjɛ]

| gusto (m) | shije (f) | [ʃíjɛ] |
| retrogusto (m) | shije (f) | [ʃíjɛ] |

essere a dieta	dobësohem	[dobəsóhɛm]
dieta (f)	dietë (f)	[diétə]
vitamina (f)	vitaminë (f)	[vitamínə]
caloria (f)	kalori (f)	[kalorí]
vegetariano (m)	vegjetarian (m)	[vɛɟɛtarián]
vegetariano (agg)	vegjetarian	[vɛɟɛtarián]

grassi (m pl)	yndyrë (f)	[yndýrə]
proteine (f pl)	proteinë (f)	[protɛínə]
carboidrati (m pl)	karbohidrat (m)	[karbohidrát]

fetta (f), fettina (f)	fetë (f)	[fétə]
pezzo (m) (~ di torta)	copë (f)	[tsópə]
briciola (f) (~ di pane)	dromcë (f)	[drómtsə]

51. Pietanze cucinate

piatto (m) (~ principale)	pjatë (f)	[pjátə]
cucina (f)	kuzhinë (f)	[kuʒínə]
ricetta (f)	recetë (f)	[rɛtsétə]
porzione (f)	racion (m)	[ratsión]

| insalata (f) | sallatë (f) | [saɫátə] |
| minestra (f) | supë (f) | [súpə] |

brodo (m)	lëng mishi (m)	[ləŋ míʃi]
panino (m)	sandviç (m)	[sandvítʃ]
uova (f pl) al tegamino	vezë të skuqura (pl)	[vézə tə skúcura]

| hamburger (m) | hamburger | [hamburgér] |
| bistecca (f) | biftek (m) | [bifték] |

contorno (m)	garniturë (f)	[garnitúrə]
spaghetti (m pl)	shpageti (pl)	[ʃpagéti]
purè (m) di patate	pure patatesh (f)	[puré patátɛʃ]
pizza (f)	pica (f)	[pítsa]
porridge (m)	qull (m)	[cuɫ]
frittata (f)	omëletë (f)	[oməlétə]

bollito (agg)	i zier	[i zíɛr]
affumicato (agg)	i tymosur	[i tymósur]
fritto (agg)	i skuqur	[i skúcur]
secco (agg)	i tharë	[i θárə]
congelato (agg)	i ngrirë	[i ŋrírə]
sottoaceto (agg)	i marinuar	[i marinúar]

dolce (gusto)	i ëmbël	[i émbəl]
salato (agg)	i kripur	[i krípur]
freddo (agg)	i ftohtë	[i ftóhtə]
caldo (agg)	i nxehtë	[i ndzéhtə]
amaro (agg)	i hidhur	[i híður]
buono, gustoso (agg)	i shijshëm	[i ʃíjʃəm]

cuocere, preparare (vt)	ziej	[zíɛj]
cucinare (vi)	gatuaj	[gatúaj]
friggere (vt)	skuq	[skuc]
riscaldare (vt)	ngroh	[ŋróh]

salare (vt)	hedh kripë	[hɛð krípə]
pepare (vt)	hedh piper	[hɛð pipér]
grattugiare (vt)	rendoj	[rɛndój]
buccia (f)	lëkurë (f)	[ləkúrə]
sbucciare (vt)	qëroj	[cərój]

52. Cibo

carne (f)	mish (m)	[miʃ]
pollo (m)	pulë (f)	[púlə]
pollo (m) novello	mish pule (m)	[miʃ púlɛ]
anatra (f)	rosë (f)	[rósə]
oca (f)	patë (f)	[pátə]
cacciagione (f)	gjah (m)	[ɟáh]
tacchino (m)	mish gjel deti (m)	[miʃ ɟɛl déti]

maiale (m)	mish derri (m)	[miʃ déri]
vitello (m)	mish viçi (m)	[miʃ vítʃi]
agnello (m)	mish qengji (m)	[miʃ cénɟi]
manzo (m)	mish lope (m)	[miʃ lópɛ]
coniglio (m)	mish lepuri (m)	[miʃ lépuri]

salame (m)	salsiçe (f)	[salsítʃɛ]
w?rstel (m)	salsiçe vjeneze (f)	[salsítʃɛ vjɛnézɛ]
pancetta (f)	proshutë (f)	[proʃútə]
prosciutto (m)	sallam (m)	[saɫám]
prosciutto (m) affumicato	kofshë derri (f)	[kófʃə déri]
pâté (m)	pate (f)	[paté]

fegato (m)	**mëlçi** (f)	[məltʃí]
carne (f) trita	**hamburger** (m)	[hamburgér]
lingua (f)	**gjuhë** (f)	[ɟúhə]

uovo (m)	**ve** (f)	[vɛ]
uova (f pl)	**vezë** (pl)	[vézə]
albume (m)	**e bardhë veze** (f)	[ɛ bárðə vézɛ]
tuorlo (m)	**e verdhë veze** (f)	[ɛ vérðə vézɛ]

pesce (m)	**peshk** (m)	[pɛʃk]
frutti (m pl) di mare	**fruta deti** (pl)	[frúta déti]
crostacei (m pl)	**krustace** (pl)	[krustátsɛ]
caviale (m)	**havjar** (m)	[havjár]

granchio (m)	**gaforre** (f)	[gafórɛ]
gamberetto (m)	**karkalec** (m)	[karkaléts]
ostrica (f)	**midhje** (f)	[míðjɛ]
aragosta (f)	**karavidhe** (f)	[karavíðɛ]
polpo (m)	**oktapod** (m)	[oktapód]
calamaro (m)	**kallamarë** (f)	[kałamárə]

storione (m)	**bli** (m)	[blí]
salmone (m)	**salmon** (m)	[salmón]
ippoglosso (m)	**shojzë e Atlantikut Verior** (f)	[ʃójzə ɛ atlantíkut vɛriór]

merluzzo (m)	**merluc** (m)	[mɛrlúts]
scombro (m)	**skumbri** (m)	[skúmbri]
tonno (m)	**tunë** (f)	[túnə]
anguilla (f)	**ngjalë** (f)	[nɟálə]

trota (f)	**troftë** (f)	[tróftə]
sardina (f)	**sardele** (f)	[sardélɛ]
luccio (m)	**mlysh** (m)	[mlýʃ]
aringa (f)	**harengë** (f)	[haréŋə]

pane (m)	**bukë** (f)	[búkə]
formaggio (m)	**djath** (m)	[djáθ]
zucchero (m)	**sheqer** (m)	[ʃɛcér]
sale (m)	**kripë** (f)	[krípə]

riso (m)	**oriz** (m)	[oríz]
pasta (f)	**makarona** (f)	[makaróna]
tagliatelle (f pl)	**makarona petë** (f)	[makaróna pétə]

burro (m)	**gjalp** (m)	[ɟalp]
olio (m) vegetale	**vaj vegjetal** (m)	[vaj vɛɟɛtál]
olio (m) di girasole	**vaj luledielli** (m)	[vaj lulɛdiéti]
margarina (f)	**margarinë** (f)	[margarínə]

olive (f pl)	**ullinj** (pl)	[utíɲ]
olio (m) d'oliva	**vaj ulliri** (m)	[vaj utíri]

latte (m)	**qumësht** (m)	[cúməʃt]
latte (m) condensato	**qumësht i kondensuar** (m)	[cúməʃt i kondɛnsúar]
yogurt (m)	**kos** (m)	[kos]
panna (f) acida	**salcë kosi** (f)	[sáltsə kosi]

panna (f)	krem qumështi (m)	[krɛm cúməʃti]
maionese (m)	majonezë (f)	[majonézə]
crema (f)	krem gjalpi (m)	[krɛm ɟálpi]

cereali (m pl)	drithëra (pl)	[dríθəra]
farina (f)	miell (m)	[míɛɫ]
cibi (m pl) in scatola	konserva (f)	[konsérva]

fiocchi (m pl) di mais	kornfleiks (m)	[kornfléiks]
miele (m)	mjaltë (f)	[mjáltə]
marmellata (f)	reçel (m)	[rɛtʃél]
gomma (f) da masticare	çamçakëz (m)	[tʃamtʃakéz]

53. Bevande

acqua (f)	ujë (m)	[újə]
acqua (f) potabile	ujë i pijshëm (m)	[újə i píjʃəm]
acqua (f) minerale	ujë mineral (m)	[újə minɛrál]

liscia (non gassata)	ujë natyral	[újə natyrál]
gassata (agg)	ujë i karbonuar	[újə i karbonúar]
frizzante (agg)	ujë i gazuar	[újə i gazúar]
ghiaccio (m)	akull (m)	[ákuɫ]
con ghiaccio	me akull	[mɛ ákuɫ]

analcolico (agg)	jo alkoolik	[jo alkoolík]
bevanda (f) analcolica	pije e lehtë (f)	[píjɛ e léhtə]
bibita (f)	pije freskuese (f)	[píjɛ frɛskúɛsɛ]
limonata (f)	limonadë (f)	[limonádə]

bevande (f pl) alcoliche	likere (pl)	[likérɛ]
vino (m)	verë (f)	[vérə]
vino (m) bianco	verë e bardhë (f)	[vérə ɛ bárðə]
vino (m) rosso	verë e kuqe (f)	[vérə ɛ kúcɛ]

liquore (m)	liker (m)	[likér]
champagne (m)	shampanjë (f)	[ʃampáɲə]
vermouth (m)	vermut (m)	[vɛrmút]

whisky	uiski (m)	[víski]
vodka (f)	vodkë (f)	[vódkə]
gin (m)	xhin (m)	[dʒin]
cognac (m)	konjak (m)	[koɲák]
rum (m)	rum (m)	[rum]

caffè (m)	kafe (f)	[káfɛ]
caffè (m) nero	kafe e zezë (f)	[káfɛ ɛ zézə]
caffè latte (m)	kafe me qumësht (m)	[káfɛ mɛ cúməʃt]
cappuccino (m)	kapuçino (m)	[kaputʃíno]
caffè (m) solubile	neskafe (f)	[nɛskáfɛ]

latte (m)	qumësht (m)	[cúməʃt]
cocktail (m)	koktej (m)	[koktéj]
frullato (m)	milkshake (f)	[milkʃákɛ]

succo (m)	lëng frutash (m)	[ləŋ frútaʃ]
succo (m) di pomodoro	lëng domatesh (m)	[ləŋ domátɛʃ]
succo (m) d'arancia	lëng portokalli (m)	[ləŋ portokáłi]
spremuta (f)	lëng frutash i freskët (m)	[ləŋ frútaʃ i fréskət]

birra (f)	birrë (f)	[bírə]
birra (f) chiara	birrë e lehtë (f)	[bírə ɛ léhtə]
birra (f) scura	birrë e zezë (f)	[bírə ɛ zézə]

tè (m)	çaj (m)	[tʃáj]
tè (m) nero	çaj i zi (m)	[tʃáj i zí]
tè (m) verde	çaj jeshil (m)	[tʃáj jɛʃíl]

54. Verdure

| ortaggi (m pl) | perime (pl) | [pɛrímɛ] |
| verdura (f) | zarzavate (pl) | [zarzavátɛ] |

pomodoro (m)	domate (f)	[domátɛ]
cetriolo (m)	kastravec (m)	[kastravéts]
carota (f)	karotë (f)	[karótə]
patata (f)	patate (f)	[patátɛ]
cipolla (f)	qepë (f)	[cépə]
aglio (m)	hudhër (f)	[húðər]

cavolo (m)	lakër (f)	[lákər]
cavolfiore (m)	lulelakër (f)	[lulɛlákər]
cavoletti (m pl) di Bruxelles	lakër Brukseli (f)	[lákər brukséli]
broccolo (m)	brokoli (m)	[brókoli]

barbabietola (f)	panxhar (m)	[pandʒár]
melanzana (f)	patëllxhan (m)	[patəłdʒán]
zucchina (f)	kungulleshë (m)	[kuŋułéʃə]

| zucca (f) | kungull (m) | [kúŋuł] |
| rapa (f) | rrepë (f) | [répə] |

prezzemolo (m)	majdanoz (m)	[majdanóz]
aneto (m)	kopër (f)	[kópər]
lattuga (f)	sallatë jeshile (f)	[sałátə jɛʃílɛ]
sedano (m)	selino (f)	[sɛlíno]

| asparago (m) | asparagus (m) | [asparágus] |
| spinaci (m pl) | spinaq (m) | [spinác] |

| pisello (m) | bizele (f) | [bizélɛ] |
| fave (f pl) | fasule (f) | [fasúlɛ] |

| mais (m) | misër (m) | [mísər] |
| fagiolo (m) | groshë (f) | [gróʃə] |

peperone (m)	spec (m)	[spɛts]
ravanello (m)	rrepkë (f)	[répkə]
carciofo (m)	angjinare (f)	[anɟináɾɛ]

55. Frutta. Noci

frutto (m)	frut (m)	[frut]
mela (f)	mollë (f)	[mótǝ]
pera (f)	dardhë (f)	[dárðǝ]
limone (m)	limon (m)	[limón]
arancia (f)	portokall (m)	[portokáł]
fragola (f)	luleshtrydhe (f)	[lulɛʃtrýðɛ]
mandarino (m)	mandarinë (f)	[mandarínǝ]
prugna (f)	kumbull (f)	[kúmbuł]
pesca (f)	pjeshkë (f)	[pjéʃkǝ]
albicocca (f)	kajsi (f)	[kajsí]
lampone (m)	mjedër (f)	[mjédǝr]
ananas (m)	ananas (m)	[ananás]
banana (f)	banane (f)	[banánɛ]
anguria (f)	shalqi (m)	[ʃalcí]
uva (f)	rrush (m)	[ruʃ]
amarena (f)	qershi vishnje (f)	[cɛrʃí víʃnɛ]
ciliegia (f)	qershi (f)	[cɛrʃí]
melone (m)	pjepër (m)	[pjépǝr]
pompelmo (m)	grejpfrut (m)	[grɛjpfrút]
avocado (m)	avokado (f)	[avokádo]
papaia (f)	papaja (f)	[papája]
mango (m)	mango (f)	[máŋo]
melagrana (f)	shegë (f)	[ʃégǝ]
ribes (m) rosso	kaliboba e kuqe (f)	[kalibóba ɛ kúcɛ]
ribes (m) nero	kaliboba e zezë (f)	[kalibóba ɛ zézǝ]
uva (f) spina	kulumbri (f)	[kulumbrí]
mirtillo (m)	boronicë (f)	[boronítsǝ]
mora (f)	manaferra (f)	[manaféra]
uvetta (f)	rrush i thatë (m)	[ruʃ i θátǝ]
fico (m)	fik (m)	[fik]
dattero (m)	hurmë (f)	[húrmǝ]
arachide (f)	kikirik (m)	[kikirík]
mandorla (f)	bajame (f)	[bajámɛ]
noce (f)	arrë (f)	[árǝ]
nocciola (f)	lajthi (f)	[lajθí]
noce (f) di cocco	arrë kokosi (f)	[árǝ kokósi]
pistacchi (m pl)	fëstëk (m)	[fǝsték]

56. Pane. Dolci

pasticceria (f)	ëmbëlsira (pl)	[ǝmbǝlsíra]
pane (m)	bukë (f)	[búkǝ]
biscotti (m pl)	biskota (pl)	[biskóta]
cioccolato (m)	çokollatë (f)	[tʃokołátǝ]
al cioccolato (agg)	prej çokollate	[prɛj tʃokołátɛ]

caramella (f)	karamele (f)	[karamélɛ]
tortina (f)	kek (m)	[kék]
torta (f)	tortë (f)	[tórtə]

crostata (f)	tortë (f)	[tórtə]
ripieno (m)	mbushje (f)	[mbúʃɛ]

marmellata (f)	reçel (m)	[rɛtʃél]
marmellata (f) di agrumi	marmelatë (f)	[marmɛlátə]
wafer (m)	vafera (pl)	[vaféra]
gelato (m)	akullore (f)	[akułórɛ]
budino (m)	puding (m)	[pudíŋ]

57. Spezie

sale (m)	kripë (f)	[krípə]
salato (agg)	i kripur	[i krípur]
salare (vt)	hedh kripë	[hɛð krípə]

pepe (m) nero	piper i zi (m)	[pipér i zi]
peperoncino (m)	piper i kuq (m)	[pipér i kuc]
senape (f)	mustardë (f)	[mustárdə]
cren (m)	rrepë djegëse (f)	[répə djégəsɛ]

condimento (m)	salcë (f)	[sáltsə]
spezie (f pl)	erëz (f)	[érəz]
salsa (f)	salcë (f)	[sáltsə]
aceto (m)	uthull (f)	[úθuł]

anice (m)	anisetë (f)	[anisétə]
basilico (m)	borzilok (m)	[borzilók]
chiodi (m pl) di garofano	karafil (m)	[karafíl]
zenzero (m)	xhenxhefil (m)	[dʒɛndʒɛfíl]
coriandolo (m)	koriandër (m)	[koriándər]
cannella (f)	kanellë (f)	[kanéłə]

sesamo (m)	susam (m)	[susám]
alloro (m)	gjeth dafine (m)	[ɟɛθ dafínɛ]
paprica (f)	spec (m)	[spɛts]
cumino (m)	kumin (m)	[kumín]
zafferano (m)	shafran (m)	[ʃafrán]

INFORMAZIONI PERSONALI. FAMIGLIA

58. Informazioni personali. Moduli

nome (m)	emër (m)	[émər]
cognome (m)	mbiemër (m)	[mbiémər]
data (f) di nascita	datëlindje (f)	[datəlíndjɛ]
luogo (m) di nascita	vendlindje (f)	[vɛndlíndjɛ]
nazionalità (f)	kombësi (f)	[kombəsí]
domicilio (m)	vendbanim (m)	[vɛndbaním]
paese (m)	shtet (m)	[ʃtɛt]
professione (f)	profesion (m)	[profɛsión]
sesso (m)	gjinia (f)	[ɟinía]
statura (f)	gjatësia (f)	[ɟatəsía]
peso (m)	peshë (f)	[péʃə]

59. Membri della famiglia. Parenti

madre (f)	nënë (f)	[nénə]
padre (m)	baba (f)	[babá]
figlio (m)	bir (m)	[bir]
figlia (f)	bijë (f)	[bíjə]
figlia (f) minore	vajza e vogël (f)	[vájza ɛ vógəl]
figlio (m) minore	djali i vogël (m)	[djáli i vógəl]
figlia (f) maggiore	vajza e madhe (f)	[vájza ɛ máðɛ]
figlio (m) maggiore	djali i vogël (m)	[djáli i vógəl]
fratello (m)	vëlla (m)	[vəɬá]
fratello (m) maggiore	vëllai i madh (m)	[vəɬái i mað]
fratello (m) minore	vëllai i vogël (m)	[vəɬai i vógəl]
sorella (f)	motër (f)	[mótər]
sorella (f) maggiore	motra e madhe (f)	[mótra ɛ máðɛ]
sorella (f) minore	motra e vogël (f)	[mótra ɛ vógəl]
cugino (m)	kushëri (m)	[kuʃərí]
cugina (f)	kushërirë (f)	[kuʃərírə]
mamma (f)	mami (f)	[mámi]
papà (m)	babi (m)	[bábi]
genitori (m pl)	prindër (pl)	[príndər]
bambino (m)	fëmijë (f)	[fəmíjə]
bambini (m pl)	fëmijë (pl)	[fəmíjə]
nonna (f)	gjyshe (f)	[ɟýʃɛ]
nonno (m)	gjysh (m)	[ɟyʃ]

nipote (m) (figlio di un figlio)	nip (m)	[nip]
nipote (f)	mbesë (f)	[mbésə]
nipoti (pl)	nipër e mbesa (pl)	[nípər ɛ mbésa]

zio (m)	dajë (f)	[dájə]
zia (f)	teze (f)	[tézɛ]
nipote (m) (figlio di un fratello)	nip (m)	[nip]
nipote (f)	mbesë (f)	[mbésə]

suocera (f)	vjehrrë (f)	[vjéhrə]
suocero (m)	vjehrri (m)	[vjéhri]
genero (m)	dhëndër (m)	[ðéndər]
matrigna (f)	njerkë (f)	[ɲérkə]
patrigno (m)	njerk (m)	[ɲérk]

neonato (m)	foshnjë (f)	[fóʃnə]
infante (m)	fëmijë (f)	[fəmíjə]
bimbo (m), ragazzino (m)	djalosh (m)	[djalóʃ]

moglie (f)	bashkëshorte (f)	[baʃkəʃórtɛ]
marito (m)	bashkëshort (m)	[baʃkəʃórt]
coniuge (m)	bashkëshort (m)	[baʃkəʃórt]
coniuge (f)	bashkëshorte (f)	[baʃkəʃórtɛ]

sposato (agg)	i martuar	[i martúar]
sposata (agg)	e martuar	[ɛ martúar]
celibe (agg)	beqar	[bɛcár]
scapolo (m)	beqar (m)	[bɛcár]
divorziato (agg)	i divorcuar	[i divortsúar]
vedova (f)	vejushë (f)	[vɛjúʃə]
vedovo (m)	vejan (m)	[vɛján]

parente (m)	kushëri (m)	[kuʃərí]
parente (m) stretto	kushëri i afërt (m)	[kuʃərí i áfərt]
parente (m) lontano	kushëri i largët (m)	[kuʃərí i lárgət]
parenti (m pl)	kushërinj (pl)	[kuʃəríɲ]

orfano (m)	jetim (m)	[jɛtím]
orfana (f)	jetime (f)	[jɛtímɛ]
tutore (m)	kujdestar (m)	[kujdɛstár]
adottare (~ un bambino)	adoptoj	[adoptój]
adottare (~ una bambina)	adoptoj	[adoptój]

60. Amici. Colleghi

amico (m)	mik (m)	[mik]
amica (f)	mike (f)	[míkɛ]
amicizia (f)	miqësi (f)	[micəsí]
essere amici	të miqësohem	[tə micəsóhɛm]

amico (m) (inform.)	shok (m)	[ʃok]
amica (f) (inform.)	shoqe (f)	[ʃócɛ]
partner (m)	partner (m)	[partnér]
capo (m)	shef (m)	[ʃɛf]

capo (m), superiore (m)	epror (m)	[εprór]
proprietario (m)	pronar (m)	[pronár]
subordinato (m)	vartës (m)	[vártəs]
collega (m)	koleg (m)	[kolég]

conoscente (m)	i njohur (m)	[i ɲóhur]
compagno (m) di viaggio	bashkudhëtar (m)	[baʃkuðetár]
compagno (m) di classe	shok klase (m)	[ʃok klásε]

vicino (m)	komshi (m)	[komʃí]
vicina (f)	komshike (f)	[komʃíkε]
vicini (m pl)	komshinj (pl)	[komʃíɲ]

CORPO UMANO. MEDICINALI

61. Testa

testa (f)	kokë (f)	[kókə]
viso (m)	fytyrë (f)	[fytýrə]
naso (m)	hundë (f)	[húndə]
bocca (f)	gojë (f)	[gójə]

occhio (m)	sy (m)	[sy]
occhi (m pl)	sytë	[sýtə]
pupilla (f)	bebëz (f)	[bébəz]
sopracciglio (m)	vetull (f)	[vétuɬ]
ciglio (m)	qerpik (m)	[cɛrpík]
palpebra (f)	qepallë (f)	[cɛpáɬə]

lingua (f)	gjuhë (f)	[ɟúhə]
dente (m)	dhëmb (m)	[ðəmb]
labbra (f pl)	buzë (f)	[búzə]
zigomi (m pl)	mollëza (f)	[móɬəza]
gengiva (f)	mishrat e dhëmbëve	[míʃrat ɛ ðəmbəvɛ]
palato (m)	qiellzë (f)	[ciéɬzə]

narici (f pl)	vrimat e hundës (pl)	[vrímat ɛ húndəs]
mento (m)	mjekër (f)	[mjékər]
mascella (f)	nofull (f)	[nófuɬ]
guancia (f)	faqe (f)	[fácɛ]

fronte (f)	ball (m)	[báɬ]
tempia (f)	tëmth (m)	[təmθ]
orecchio (m)	vesh (m)	[vɛʃ]
nuca (f)	zverk (m)	[zvɛrk]
collo (m)	qafë (f)	[cáfə]
gola (f)	fyt (m)	[fyt]

capelli (m pl)	flokë (pl)	[flókə]
pettinatura (f)	model flokësh (m)	[modél flókəʃ]
taglio (m)	prerje flokësh (f)	[prérjɛ flókəʃ]
parrucca (f)	paruke (f)	[parúkɛ]

baffi (m pl)	mustaqe (f)	[mustácɛ]
barba (f)	mjekër (f)	[mjékər]
portare (~ la barba, ecc.)	lë mjekër	[lə mjékər]
treccia (f)	gërshet (m)	[gərʃét]
basette (f pl)	baseta (f)	[baséta]

rosso (agg)	flokëkuqe	[flokəkúcɛ]
brizzolato (agg)	thinja	[θíɲa]
calvo (agg)	qeros	[cɛrós]
calvizie (f)	tullë (f)	[túɬə]

| coda (f) di cavallo | bishtalec (m) | [biʃtaléts] |
| frangetta (f) | balluke (f) | [batúkɛ] |

62. Corpo umano

| mano (f) | dorë (f) | [dórə] |
| braccio (m) | krah (m) | [krah] |

dito (m)	gisht i dorës (m)	[gíʃt i dórəs]
dito (m) del piede	gisht i këmbës (m)	[gíʃt i kémbəs]
pollice (m)	gishti i madh (m)	[gíʃti i máð]
mignolo (m)	gishti i vogël (m)	[gíʃti i vógəl]
unghia (f)	thua (f)	[θúa]

pugno (m)	grusht (m)	[grúʃt]
palmo (m)	pëllëmbë dore (f)	[pətémbə dórɛ]
polso (m)	kyç (m)	[kytʃ]
avambraccio (m)	parakrah (m)	[parakráh]
gomito (m)	bërryl (m)	[bərýl]
spalla (f)	shpatull (f)	[ʃpátut]

gamba (f)	këmbë (f)	[kémbə]
pianta (f) del piede	shputë (f)	[ʃpútə]
ginocchio (m)	gju (m)	[ɟú]
polpaccio (m)	pulpë (f)	[púlpə]
anca (f)	ijë (f)	[íjə]
tallone (m)	thembër (f)	[θémbər]

corpo (m)	trup (m)	[trup]
pancia (f)	stomak (m)	[stomák]
petto (m)	kraharor (m)	[kraharór]
seno (m)	gjoks (m)	[ɟóks]
fianco (m)	krah (m)	[krah]
schiena (f)	kurriz (m)	[kuríz]
zona (f) lombare	fundshpina (f)	[fundʃpína]
vita (f)	beli (m)	[béli]

ombelico (m)	kërthizë (f)	[kərθízə]
natiche (f pl)	vithe (f)	[víθɛ]
sedere (m)	prapanica (f)	[prapanítsa]

neo (m)	nishan (m)	[niʃán]
voglia (f) (~ di fragola)	shenjë lindjeje (f)	[ʃéɲə líndjɛjɛ]
tatuaggio (m)	tatuazh (m)	[tatuáʒ]
cicatrice (f)	shenjë (f)	[ʃéɲə]

63. Malattie

malattia (f)	sëmundje (f)	[səmúndjɛ]
essere malato	jam sëmurë	[jam səmúrə]
salute (f)	shëndet (m)	[ʃəndét]
raffreddore (m)	rrifë (f)	[rífə]

tonsillite (f)	grykët (m)	[grýkət]
raffreddore (m)	ftohje (f)	[ftóhjɛ]
raffreddarsi (vr)	ftohem	[ftóhɛm]

bronchite (f)	bronkit (m)	[bronkít]
polmonite (f)	pneumoni (f)	[pnɛumoní]
influenza (f)	grip (m)	[grip]

miope (agg)	miop	[mióp]
presbite (agg)	presbit	[prɛsbít]
strabismo (m)	strabizëm (m)	[strabízəm]
strabico (agg)	strabik	[strabík]
cateratta (f)	katarakt (m)	[katarákt]
glaucoma (m)	glaukoma (f)	[glaukóma]

ictus (m) cerebrale	goditje (f)	[godítjɛ]
attacco (m) di cuore	sulm në zemër (m)	[sulm nə zémər]
infarto (m) miocardico	infarkt miokardiak (m)	[infárkt miokardiák]
paralisi (f)	paralizë (f)	[paralízə]
paralizzare (vt)	paralizoj	[paralizój]

allergia (f)	alergji (f)	[alɛɲí]
asma (f)	astmë (f)	[ástmə]
diabete (m)	diabet (m)	[diabét]

mal (m) di denti	dhimbje dhëmbi (f)	[ðímbjɛ ðémbi]
carie (f)	karies (m)	[kariés]

diarrea (f)	diarre (f)	[diaré]
stitichezza (f)	kapsllëk (m)	[kapsłék]
disturbo (m) gastrico	dispepsi (f)	[dispɛpsí]
intossicazione (f) alimentare	helmim (m)	[hɛlmím]
intossicarsi (vr)	helmohem nga ushqimi	[hɛlmóhɛm ŋa uʃcími]

artrite (f)	artrit (m)	[artrít]
rachitide (f)	rakit (m)	[rakít]
reumatismo (m)	reumatizëm (m)	[rɛumatízəm]
aterosclerosi (f)	arteriosklerozë (f)	[artɛriosklɛrózə]

gastrite (f)	gastrit (m)	[gastrít]
appendicite (f)	apendicit (m)	[apɛnditsít]
colecistite (f)	kolecistit (m)	[kolɛtsistít]
ulcera (f)	ulcerë (f)	[ultsérə]

morbillo (m)	fruth (m)	[fruθ]
rosolia (f)	rubeola (f)	[rubɛóla]
itterizia (f)	verdhëza (f)	[vérðəza]
epatite (f)	hepatit (m)	[hɛpatít]

schizofrenia (f)	skizofreni (f)	[skizofrɛní]
rabbia (f)	sëmundje e tërbimit (f)	[səmúndjɛ ɛ tərbímit]
nevrosi (f)	neurozë (f)	[nɛurózə]
commozione (f) cerebrale	trond
itje (f)	[trondítjɛ]

cancro (m)	kancer (m)	[kantsér]
sclerosi (f)	sklerozë (f)	[sklɛrózə]

sclerosi (f) multipla	sklerozë e shumëfishtë (f)	[sklɛrózə ɛ ʃuməfíʃtə]
alcolismo (m)	alkoolizëm (m)	[alkoolízəm]
alcolizzato (m)	alkoolik (m)	[alkoolík]
sifilide (f)	sifiliz (m)	[sifilíz]
AIDS (m)	SIDA (f)	[sída]

tumore (m)	tumor (m)	[tumór]
maligno (agg)	malinj	[malíɲ]
benigno (agg)	beninj	[bɛníɲ]

febbre (f)	ethe (f)	[éθɛ]
malaria (f)	malarie (f)	[malaríɛ]
cancrena (f)	gangrenë (f)	[gaɲrénə]
mal (m) di mare	sëmundje deti (f)	[səmúndjɛ déti]
epilessia (f)	epilepsi (f)	[ɛpilɛpsí]

epidemia (f)	epidemi (f)	[ɛpidɛmí]
tifo (m)	tifo (f)	[tífo]
tubercolosi (f)	tuberkuloz (f)	[tubɛrkulóz]
colera (m)	kolerë (f)	[kolérə]
peste (f)	murtaja (f)	[murtája]

64. Sintomi. Cure. Parte 1

sintomo (m)	simptomë (f)	[simptómə]
temperatura (f)	temperaturë (f)	[tɛmpɛratúrə]
febbre (f) alta	temperaturë e lartë (f)	[tɛmpɛratúrə ɛ lártə]
polso (m)	puls (m)	[puls]

capogiro (m)	marrje mendsh (m)	[márjɛ méndʃ]
caldo (agg)	i nxehtë	[i ndzéhtə]
brivido (m)	drithërima (f)	[driθəríma]
pallido (un viso ~)	i zbehur	[i zbéhur]

tosse (f)	kollë (f)	[kółə]
tossire (vi)	kollitem	[koɫítɛm]
starnutire (vi)	teshtij	[tɛʃtíj]
svenimento (m)	të fikët (f)	[tə fíkət]
svenire (vi)	bie të fikët	[bíɛ tə fíkət]

livido (m)	mavijosje (f)	[mavijósjɛ]
bernoccolo (m)	gungë (f)	[gúɲə]
farsi un livido	godas	[godás]
contusione (f)	lëndim (m)	[ləndím]
farsi male	lëndohem	[ləndóhɛm]

zoppicare (vi)	çaloj	[tʃalój]
slogatura (f)	dislokim (m)	[dislokím]
slogarsi (vr)	del nga vendi	[dɛl ŋa véndi]
frattura (f)	thyerje (f)	[θýɛrjɛ]
fratturarsi (vr)	thyej	[θýɛj]

| taglio (m) | e prerë (f) | [ɛ prérə] |
| tagliarsi (vr) | pres veten | [prɛs vétɛn] |

emorragia (f)	rrjedhje gjaku (f)	[rjéðjɛ ɟáku]
scottatura (f)	djegie (f)	[djégiɛ]
scottarsi (vr)	digjem	[díɟɛm]
pungere (vt)	shpoj	[ʃpoj]
pungersi (vr)	shpohem	[ʃpóhɛm]
ferire (vt)	dëmtoj	[dəmtój]
ferita (f)	dëmtim (m)	[dəmtím]
lesione (f)	plagë (f)	[plágə]
trauma (m)	traumë (f)	[traúmə]
delirare (vi)	fol përçart	[fól pərtʃárt]
tartagliare (vi)	belbëzoj	[bɛlbəzój]
colpo (m) di sole	pikë e diellit (f)	[píkə ɛ diéłit]

65. Sintomi. Cure. Parte 2

dolore (m), male (m)	dhimbje (f)	[ðímbjɛ]
scheggia (f)	cifël (f)	[tsífəl]
sudore (m)	djersë (f)	[djérsə]
sudare (vi)	djersij	[djɛrsíj]
vomito (m)	të vjella (f)	[tə vjéła]
convulsioni (f pl)	konvulsione (f)	[konvulsiónɛ]
incinta (agg)	shtatzënë	[ʃtatzénə]
nascere (vi)	lind	[lind]
parto (m)	lindje (f)	[líndjɛ]
essere in travaglio di parto	sjell në jetë	[sjɛł nə jétə]
aborto (m)	abort (m)	[abórt]
respirazione (f)	frymëmarrje (f)	[fryməmárjɛ]
inspirazione (f)	mbajtje e frymës (f)	[mbájtjɛ ɛ frýməs]
espirazione (f)	lëshim i frymës (m)	[ləʃím i frýməs]
espirare (vi)	nxjerr frymën	[ndzjér frýmən]
inspirare (vi)	marr frymë	[mar frýmə]
invalido (m)	invalid (m)	[invalíd]
storpio (m)	i gjymtuar (m)	[i ɟymtúar]
drogato (m)	narkoman (m)	[narkomán]
sordo (agg)	shurdh	[ʃurð]
muto (agg)	memec	[mɛméts]
sordomuto (agg)	shurdh-memec	[ʃurð-mɛméts]
matto (agg)	i marrë	[i márə]
matto (m)	i çmendur (m)	[i tʃméndur]
matta (f)	e çmendur (f)	[ɛ tʃméndur]
impazzire (vi)	çmendem	[tʃméndɛm]
gene (m)	gen (m)	[gɛn]
immunità (f)	imunitet (m)	[imunitét]
ereditario (agg)	e trashëguar	[ɛ traʃəgúar]
innato (agg)	e lindur	[ɛ líndur]

virus (m)	virus (m)	[virús]
microbo (m)	mikrob (m)	[mikrób]
batterio (m)	bakterie (f)	[baktériɛ]
infezione (f)	infeksion (m)	[infɛksión]

66. Sintomi. Cure. Parte 3

ospedale (m)	spital (m)	[spitál]
paziente (m)	pacient (m)	[patsiént]
diagnosi (f)	diagnozë (f)	[diagnózə]
cura (f)	kurë (f)	[kúrə]
trattamento (m)	trajtim mjekësor (m)	[trajtím mjɛkəsór]
curarsi (vr)	kurohem	[kuróhɛm]
curare (vt)	kuroj	[kurój]
accudire (un malato)	kujdesem	[kujdésɛm]
assistenza (f)	kujdes (m)	[kujdés]
operazione (f)	operacion (m)	[opɛratsión]
bendare (vt)	fashoj	[faʃój]
fasciatura (f)	fashim (m)	[faʃím]
vaccinazione (f)	vaksinim (m)	[vaksiním]
vaccinare (vt)	vaksinoj	[vaksinój]
iniezione (f)	injeksion (m)	[iɲɛksión]
fare una puntura	bëj injeksion	[bəj iɲɛksíon]
attacco (m) (~ epilettico)	atak (m)	[aták]
amputazione (f)	amputim (m)	[amputím]
amputare (vt)	amputoj	[amputój]
coma (m)	komë (f)	[kómə]
essere in coma	jam në komë	[jam nə kómə]
rianimazione (f)	kujdes intensiv (m)	[kujdés intɛnsív]
guarire (vi)	shërohem	[ʃəróhɛm]
stato (f) (del paziente)	gjendje (f)	[ɟéndjɛ]
conoscenza (f)	vetëdije (f)	[vɛtədíjɛ]
memoria (f)	kujtesë (f)	[kujtésə]
estrarre (~ un dente)	heq	[hɛc]
otturazione (f)	mbushje (f)	[mbúʃjɛ]
otturare (vt)	mbush	[mbúʃ]
ipnosi (f)	hipnozë (f)	[hipnózə]
ipnotizzare (vt)	hipnotizim	[hipnotizím]

67. Medicinali. Farmaci. Accessori

medicina (f)	ilaç (m)	[ilátʃ]
rimedio (m)	mjekim (m)	[mjɛkím]
prescrivere (vt)	shkruaj recetë	[ʃkrúaj rɛtsétə]
prescrizione (f)	recetë (f)	[rɛtsétə]

compressa (f)	**pilulë** (f)	[pilúlǝ]
unguento (m)	**krem** (m)	[krɛm]
fiala (f)	**ampulë** (f)	[ampúlǝ]
pozione (f)	**përzierje** (f)	[pǝrzíɛrjɛ]
sciroppo (m)	**shurup** (m)	[ʃurúp]
pillola (f)	**pilulë** (f)	[pilúlǝ]
polverina (f)	**pudër** (f)	[púdǝr]
benda (f)	**fashë garze** (f)	[faʃǝ gárzɛ]
ovatta (f)	**pambuk** (m)	[pambúk]
iodio (m)	**jod** (m)	[jod]
cerotto (m)	**leukoplast** (m)	[lɛukoplást]
contagocce (m)	**pikatore** (f)	[pikatórɛ]
termometro (m)	**termometër** (m)	[tɛrmométǝr]
siringa (f)	**shiringë** (f)	[ʃiríŋǝ]
sedia (f) a rotelle	**karrocë me rrota** (f)	[karótsǝ mɛ róta]
stampelle (f pl)	**paterica** (f)	[patɛrítsa]
analgesico (m)	**qetësues** (m)	[cɛtǝsúɛs]
lassativo (m)	**laksativ** (m)	[laksatív]
alcol (m)	**alkool dezinfektues** (m)	[alkoól dɛzinfɛktúɛs]
erba (f) officinale	**bimë mjekësore** (f)	[bímǝ mjɛkǝsórɛ]
d'erbe (infuso ~)	**çaj bimor**	[tʃáj bimór]

APPARTAMENTO

68. Appartamento

appartamento (m)	apartament (m)	[apartamént]
camera (f), stanza (f)	dhomë (f)	[ðómə]
camera (f) da letto	dhomë gjumi (f)	[ðómə ɟúmi]
sala (f) da pranzo	dhomë ngrënie (f)	[ðómə ŋrəníɛ]
salotto (m)	dhomë ndeje (f)	[ðómə ndéjɛ]
studio (m)	dhomë pune (f)	[ðómə púnɛ]
ingresso (m)	hyrje (f)	[hýrjɛ]
bagno (m)	banjo (f)	[báɲo]
gabinetto (m)	tualet (m)	[tualét]
soffitto (m)	tavan (m)	[taván]
pavimento (m)	dysheme (f)	[dyʃɛmé]
angolo (m)	qoshe (f)	[cóʃɛ]

69. Arredamento. Interno

mobili (m pl)	orendi (f)	[orɛndí]
tavolo (m)	tryezë (f)	[tryézə]
sedia (f)	karrige (f)	[karígɛ]
letto (m)	shtrat (m)	[ʃtrat]
divano (m)	divan (m)	[diván]
poltrona (f)	kolltuk (m)	[koɫtúk]
libreria (f)	raft librash (m)	[ráft líbraʃ]
ripiano (m)	sergjen (m)	[sɛrɟén]
armadio (m)	gardërobë (f)	[gardəróbə]
attaccapanni (m) da parete	varëse (f)	[várəsɛ]
appendiabiti (m) da terra	varëse xhaketash (f)	[várəsɛ dʒakétaʃ]
comò (m)	komodë (f)	[komódə]
tavolino (m) da salotto	tryezë e ulët (f)	[tryézə ɛ úlət]
specchio (m)	pasqyrë (f)	[pascýrə]
tappeto (m)	qilim (m)	[cilím]
tappetino (m)	tapet (m)	[tapét]
camino (m)	oxhak (m)	[odʒák]
candela (f)	qiri (m)	[círi]
candeliere (m)	shandan (m)	[ʃandán]
tende (f pl)	perde (f)	[pérdɛ]
carta (f) da parati	tapiceri (f)	[tapitsɛrí]

tende (f pl) alla veneziana	grila (f)	[gríla]
lampada (f) da tavolo	llambë tavoline (f)	[ɫámbə tavolínɛ]
lampada (f) da parete	llambadar muri (m)	[ɫambadár múri]
lampada (f) a stelo	llambadar (m)	[ɫambadár]
lampadario (m)	llambadar (m)	[ɫambadár]

gamba (f)	këmbë (f)	[kémbə]
bracciolo (m)	mbështetëse krahu (f)	[mbəʃtétəsɛ kráhu]
spalliera (f)	mbështetëse (f)	[mbəʃtétəsɛ]
cassetto (m)	sirtar (m)	[sirtár]

70. Biancheria da letto

biancheria (f) da letto	çarçafë (pl)	[tʃartʃáfə]
cuscino (m)	jastëk (m)	[jasték]
federa (f)	këllëf jastëku (m)	[kəɫéf jastéku]
coperta (f)	jorgan (m)	[jorgán]
lenzuolo (m)	çarçaf (m)	[tʃartʃáf]
copriletto (m)	mbulesë (f)	[mbulésə]

71. Cucina

cucina (f)	kuzhinë (f)	[kuʒínə]
gas (m)	gaz (m)	[gaz]
fornello (m) a gas	sobë me gaz (f)	[sóbə mɛ gaz]
fornello (m) elettrico	sobë elektrike (f)	[sóbə ɛlɛktríkɛ]
forno (m)	furrë (f)	[fúrə]
forno (m) a microonde	mikrovalë (f)	[mikroválə]

frigorifero (m)	frigorifer (m)	[frigorifér]
congelatore (m)	frigorifer (m)	[frigorifér]
lavastoviglie (f)	pjatalarëse (f)	[pjatalárəsɛ]

tritacarne (m)	grirëse mishi (f)	[grírəsɛ míʃi]
spremifrutta (m)	shtrydhëse frutash (f)	[ʃtrýðəsɛ frútaʃ]
tostapane (m)	toster (m)	[tostér]
mixer (m)	mikser (m)	[miksér]

macchina (f) da caffè	makinë kafeje (f)	[makínə kaféjɛ]
caffettiera (f)	kafetierë (f)	[kafɛtiérə]
macinacaffè (m)	mulli kafeje (f)	[muɫí káfɛjɛ]

bollitore (m)	çajnik (m)	[tʃajník]
teiera (f)	çajnik (m)	[tʃajník]
coperchio (m)	kapak (m)	[kapák]
colino (m) da tè	sitë çaji (f)	[sítə tʃáji]

cucchiaio (m)	lugë (f)	[lúgə]
cucchiaino (m) da tè	lugë çaji (f)	[lúgə tʃáji]
cucchiaio (m)	lugë gjelle (f)	[lúgə ɟéɫɛ]
forchetta (f)	pirun (m)	[pirún]
coltello (m)	thikë (f)	[θíkə]

stoviglie (f pl)	enë kuzhine (f)	[énə kuʒínɛ]
piatto (m)	pjatë (f)	[pjátə]
piattino (m)	pjatë filxhani (f)	[pjátə fildʒáni]

cicchetto (m)	potir (m)	[potír]
bicchiere (m) (~ d'acqua)	gotë (f)	[gótə]
tazzina (f)	filxhan (m)	[fildʒán]

zuccheriera (f)	tas për sheqer (m)	[tas pər ʃɛcér]
saliera (f)	kripore (f)	[kripórɛ]
pepiera (f)	enë piperi (f)	[énə pipéri]
burriera (f)	pjatë gjalpi (f)	[pjátə ɉálpi]

pentola (f)	tenxhere (f)	[tɛndʒérɛ]
padella (f)	tigan (m)	[tigán]
mestolo (m)	garuzhdë (f)	[garúʒdə]
colapasta (m)	kullesë (f)	[kuɬésə]
vassoio (m)	tabaka (f)	[tabaká]

bottiglia (f)	shishe (f)	[ʃíʃɛ]
barattolo (m) di vetro	kavanoz (m)	[kavanóz]
latta, lattina (f)	kanoçe (f)	[kanótʃɛ]

apribottiglie (m)	hapëse shishesh (f)	[hapəsé ʃíʃɛʃ]
apriscatole (m)	hapëse kanoçesh (f)	[hapəsé kanótʃɛʃ]
cavatappi (m)	turjelë tapash (f)	[turjélə tápaʃ]
filtro (m)	filtër (m)	[fíltər]
filtrare (vt)	filtroj	[filtrój]

spazzatura (f)	pleh (m)	[plɛh]
pattumiera (f)	kosh plehrash (m)	[koʃ pléhraʃ]

72. Bagno

bagno (m)	banjo (f)	[báɲo]
acqua (f)	ujë (m)	[újə]
rubinetto (m)	rubinet (m)	[rubinét]
acqua (f) calda	ujë i nxehtë (f)	[újə i ndzéhtə]
acqua (f) fredda	ujë i ftohtë (f)	[újə i ftóhtə]

dentifricio (m)	pastë dhëmbësh (f)	[pástə ðémbəʃ]
lavarsi i denti	laj dhëmbët	[laj ðémbət]
spazzolino (m) da denti	furçë dhëmbësh (f)	[fúrtʃə ðémbəʃ]

rasarsi (vr)	rruhem	[rúhɛm]
schiuma (f) da barba	shkumë rroje (f)	[ʃkumə rójɛ]
rasoio (m)	brisk (m)	[brísk]

lavare (vt)	laj duart	[laj dúart]
fare un bagno	lahem	[láhɛm]
doccia (f)	dush (m)	[duʃ]
fare una doccia	bëj dush	[bəj dúʃ]
vasca (f) da bagno	vaskë (f)	[váskə]
water (m)	tualet (m)	[tualét]

lavandino (m)	lavaman (m)	[lavamán]
sapone (m)	sapun (m)	[sapún]
porta (m) sapone	pjatë sapuni (f)	[pjátə sapúni]
spugna (f)	sfungjer (m)	[sfuɲér]
shampoo (m)	shampo (f)	[ʃampó]
asciugamano (m)	peshqir (m)	[pɛʃcír]
accappatoio (m)	peshqir trupi (m)	[pɛʃcír trúpi]
bucato (m)	larje (f)	[lárjɛ]
lavatrice (f)	makinë larëse (f)	[makínə lárəsɛ]
fare il bucato	laj rroba	[laj róba]
detersivo (m) per il bucato	detergjent (m)	[dɛtɛɾɟént]

73. Elettrodomestici

televisore (m)	televizor (m)	[tɛlɛvizóɾ]
registratore (m) a nastro	inçizues me shirit (m)	[intʃizúɛs mɛ ʃirít]
videoregistratore (m)	video regjistrues (m)	[vídɛo rɛɟistrúɛs]
radio (f)	radio (f)	[rádio]
lettore (m)	kasetofon (m)	[kasɛtofón]
videoproiettore (m)	projektor (m)	[projɛktóɾ]
home cinema (m)	kinema shtëpie (f)	[kinɛmá ʃtəpíɛ]
lettore (m) DVD	DVD player (m)	[dividí plɛjəɾ]
amplificatore (m)	amplifikator (m)	[amplifikatóɾ]
console (f) video giochi	konsol video loje (m)	[konsól vídɛo lójɛ]
videocamera (f)	videokamerë (f)	[vidɛokamérə]
macchina (f) fotografica	aparat fotografik (m)	[aparát fotografík]
fotocamera (f) digitale	kamerë digjitale (f)	[kamérə diɟitálɛ]
aspirapolvere (m)	fshesë elektrike (f)	[fʃésə ɛlɛktríkɛ]
ferro (m) da stiro	hekur (m)	[hékur]
asse (f) da stiro	tryezë për hekurosje (f)	[tryézə pər hɛkurósjɛ]
telefono (m)	telefon (m)	[tɛlɛfón]
telefonino (m)	celular (m)	[tsɛlulár]
macchina (f) da scrivere	makinë shkrimi (f)	[makínə ʃkrími]
macchina (f) da cucire	makinë qepëse (f)	[makínə cépəsɛ]
microfono (m)	mikrofon (m)	[mikrofón]
cuffia (f)	kufje (f)	[kúfjɛ]
telecomando (m)	telekomandë (f)	[tɛlɛkomándə]
CD (m)	CD (f)	[tsɛdé]
cassetta (f)	kasetë (f)	[kasétə]
disco (m) (vinile)	pllakë gramafoni (f)	[płákə gramafóni]

LA TERRA. TEMPO

74. L'Universo

cosmo (m)	hapësirë (f)	[hapəsírə]
cosmico, spaziale (agg)	hapësinor	[hapəsinór]
spazio (m) cosmico	kozmos (m)	[kozmós]
mondo (m)	botë (f)	[bótə]
universo (m)	univers	[univérs]
galassia (f)	galaksi (f)	[galaksí]
stella (f)	yll (m)	[yɫ]
costellazione (f)	yllësi (f)	[yɫəsí]
pianeta (m)	planet (m)	[planét]
satellite (m)	satelit (m)	[satɛlít]
meteorite (m)	meteor (m)	[mɛtɛór]
cometa (f)	kometë (f)	[kométə]
asteroide (m)	asteroid (m)	[astɛroíd]
orbita (f)	orbitë (f)	[orbítə]
ruotare (vi)	rrotullohet	[rotuɫóhɛt]
atmosfera (f)	atmosferë (f)	[atmosférə]
il Sole	Dielli (m)	[diéɫi]
sistema (m) solare	sistemi diellor (m)	[sistémi diɛɫór]
eclisse (f) solare	eklips diellor (m)	[ɛklíps diɛɫór]
la Terra	Toka (f)	[tóka]
la Luna	Hëna (f)	[héna]
Marte (m)	Marsi (m)	[mársi]
Venere (f)	Venera (f)	[vɛnéra]
Giove (m)	Jupiteri (m)	[jupitéri]
Saturno (m)	Saturni (m)	[satúrni]
Mercurio (m)	Merkuri (m)	[mɛrkúri]
Urano (m)	Urani (m)	[uráni]
Nettuno (m)	Neptuni (m)	[nɛptúni]
Plutone (m)	Pluto (f)	[plúto]
Via (f) Lattea	Rruga e Qumështit (f)	[rúga ɛ cúməʃtit]
Orsa (f) Maggiore	Arusha e Madhe (f)	[arúʃa ɛ máðɛ]
Stella (f) Polare	ylli i Veriut (m)	[ýɫi i vériut]
marziano (m)	Marsian (m)	[marsián]
extraterrestre (m)	jashtëtokësor (m)	[jaʃtətokəsór]
alieno (m)	alien (m)	[alién]

disco (m) volante	disk fluturues (m)	[dísk fluturúɛs]
nave (f) spaziale	anije kozmike (f)	[aníjɛ kozmíkɛ]
stazione (f) spaziale	stacion kozmik (m)	[statsión kozmík]
lancio (m)	ngritje (f)	[ŋrítjɛ]

motore (m)	motor (m)	[motór]
ugello (m)	dizë (f)	[dízə]
combustibile (m)	karburant (m)	[karburánt]

| cabina (f) di pilotaggio | kabinë pilotimi (f) | [kabínə pilotími] |
| antenna (f) | antenë (f) | [anténə] |

oblò (m)	dritare anësore (f)	[dritárɛ anəsórɛ]
batteria (f) solare	panel solar (m)	[panél solár]
scafandro (m)	veshje astronauti (f)	[véʃjɛ astronáuti]

| imponderabilità (f) | mungesë graviteti (f) | [muŋésə gravitéti] |
| ossigeno (m) | oksigjen (m) | [oksiɟén] |

| aggancio (m) | ndërlidhje në hapësirë (f) | [ndərlíðjɛ nə hapəsírə] |
| agganciarsi (vr) | stacionohem | [statsionóhɛm] |

| osservatorio (m) | observator (m) | [obsɛrvatór] |
| telescopio (m) | teleskop (m) | [tɛlɛskóp] |

| osservare (vt) | vëzhgoj | [vəʒgój] |
| esplorare (vt) | eksploroj | [ɛksplorój] |

75. La Terra

la Terra	Toka (f)	[tóka]
globo (m) terrestre	globi (f)	[glóbi]
pianeta (m)	planet (m)	[planét]

atmosfera (f)	atmosferë (f)	[atmosférə]
geografia (f)	gjeografi (f)	[ɟɛografí]
natura (f)	natyrë (f)	[natýrə]

mappamondo (m)	glob (m)	[glob]
carta (f) geografica	hartë (f)	[hártə]
atlante (m)	atlas (m)	[atlás]

| Europa (f) | Evropa (f) | [ɛvrópa] |
| Asia (f) | Azia (f) | [azía] |

| Africa (f) | Afrika (f) | [afríka] |
| Australia (f) | Australia (f) | [australía] |

America (f)	Amerika (f)	[amɛríka]
America (f) del Nord	Amerika Veriore (f)	[amɛríka vɛriórɛ]
America (f) del Sud	Amerika Jugore (f)	[amɛríka jugórɛ]

| Antartide (f) | Antarktika (f) | [antarktíka] |
| Artico (m) | Arktiku (m) | [arktíku] |

76. Punti cardinali

nord (m)	veri (m)	[vɛrí]
a nord	drejt veriut	[dréjt vériut]
al nord	në veri	[nǝ vɛrí]
del nord (agg)	verior	[vɛriór]
sud (m)	jug (m)	[jug]
a sud	drejt jugut	[dréjt júgut]
al sud	në jug	[nǝ jug]
del sud (agg)	jugor	[jugór]
ovest (m)	perëndim (m)	[pɛrǝndím]
a ovest	drejt perëndimit	[dréjt pɛrǝndímit]
all'ovest	në perëndim	[nǝ pɛrǝndím]
dell'ovest, occidentale	perëndimor	[pɛrǝndimór]
est (m)	lindje (f)	[líndjɛ]
a est	drejt lindjes	[dréjt líndjɛs]
all'est	në lindje	[nǝ líndjɛ]
dell'est, orientale	lindor	[lindór]

77. Mare. Oceano

mare (m)	det (m)	[dét]
oceano (m)	oqean (m)	[ocɛán]
golfo (m)	gji (m)	[ɟi]
stretto (m)	ngushticë (f)	[ŋuʃtítsǝ]
terra (f) (terra firma)	tokë (f)	[tókǝ]
continente (m)	kontinent (m)	[kontinént]
isola (f)	ishull (m)	[íʃuɫ]
penisola (f)	gadishull (m)	[gadíʃuɫ]
arcipelago (m)	arkipelag (m)	[arkipɛlág]
baia (f)	gji (m)	[ɟi]
porto (m)	port (m)	[port]
laguna (f)	lagunë (f)	[lagúnǝ]
capo (m)	kep (m)	[kɛp]
atollo (m)	atol (m)	[atól]
scogliera (f)	shkëmb nënujor (m)	[ʃkǝmb nǝnujór]
corallo (m)	koral (m)	[korál]
barriera (f) corallina	korale nënujorë (f)	[korálɛ nǝnujórǝ]
profondo (agg)	i thellë	[i θéɫǝ]
profondità (f)	thellësi (f)	[θɛɫǝsí]
abisso (m)	humnerë (f)	[humnérǝ]
fossa (f) (~ delle Marianne)	hendek (m)	[hɛndék]
corrente (f)	rrymë (f)	[rýmǝ]
circondare (vt)	rrethohet	[rɛθóhɛt]

| litorale (m) | breg (m) | [brɛg] |
| costa (f) | bregdet (m) | [brɛgdét] |

alta marea (f)	batica (f)	[batítsa]
bassa marea (f)	zbaticë (f)	[zbatítsə]
banco (m) di sabbia	cekëtinë (f)	[tsɛkətínə]
fondo (m)	fund i detit (m)	[fúnd i détit]

onda (f)	dallgë (f)	[dáɫgə]
cresta (f) dell'onda	kreshtë (f)	[kréʃtə]
schiuma (f)	shkumë (f)	[ʃkúmə]

tempesta (f)	stuhi (f)	[stuhí]
uragano (m)	uragan (m)	[uragán]
tsunami (m)	cunam (m)	[tsunám]
bonaccia (f)	qetësi (f)	[cɛtəsí]
tranquillo (agg)	i qetë	[i cétə]

| polo (m) | pol (m) | [pol] |
| polare (agg) | polar | [polár] |

latitudine (f)	gjerësi (f)	[ɟɛrəsí]
longitudine (f)	gjatësi (f)	[ɟatəsí]
parallelo (m)	paralele (f)	[paralélɛ]
equatore (m)	ekuator (m)	[ɛkuatór]

cielo (m)	qiell (m)	[cíɛɫ]
orizzonte (m)	horizont (m)	[horizónt]
aria (f)	ajër (m)	[ájər]

faro (m)	fanar (m)	[fanár]
tuffarsi (vr)	zhytem	[ʒýtɛm]
affondare (andare a fondo)	fundosje	[fundósjɛ]
tesori (m)	thesare (pl)	[θɛsárɛ]

78. Nomi dei mari e degli oceani

Oceano (m) Atlantico	Oqeani Atlantik (m)	[ocɛáni atlantík]
Oceano (m) Indiano	Oqeani Indian (m)	[ocɛáni indián]
Oceano (m) Pacifico	Oqeani Paqësor (m)	[ocɛáni pacəsór]
mar (m) Glaciale Artico	Oqeani Arktik (m)	[ocɛáni arktík]

mar (m) Nero	Deti i Zi (m)	[déti i zí]
mar (m) Rosso	Deti i Kuq (m)	[déti i kúc]
mar (m) Giallo	Deti i Verdhë (m)	[déti i vérðə]
mar (m) Bianco	Deti i Bardhë (m)	[déti i bárðə]

mar (m) Caspio	Deti Kaspik (m)	[déti kaspík]
mar (m) Morto	Deti i Vdekur (m)	[déti i vdékur]
mar (m) Mediterraneo	Deti Mesdhe (m)	[déti mɛsðé]

mar (m) Egeo	Deti Egje (m)	[déti ɛɟé]
mar (m) Adriatico	Deti Adriatik (m)	[déti adriatík]
mar (m) Arabico	Deti Arab (m)	[déti aráb]

mar (m) del Giappone	Deti i Japonisë (m)	[déti i japonísə]
mare (m) di Bering	Deti Bering (m)	[déti bériŋ]
mar (m) Cinese meridionale	Deti i Kinës Jugore (m)	[déti i kínəs jugórɛ]

mar (m) dei Coralli	Deti Koral (m)	[déti korál]
mar (m) di Tasman	Deti Tasman (m)	[déti tasmán]
mar (m) dei Caraibi	Deti i Karaibeve (m)	[déti i karaíbɛvɛ]

| mare (m) di Barents | Deti Barents (m) | [déti barénts] |
| mare (m) di Kara | Deti Kara (m) | [déti kára] |

mare (m) del Nord	Deti i Veriut (m)	[déti i vériut]
mar (m) Baltico	Deti Baltik (m)	[déti baltík]
mare (m) di Norvegia	Deti Norvegjez (m)	[déti norvɛɟéz]

79. Montagne

monte (m), montagna (f)	mal (m)	[mal]
catena (f) montuosa	vargmal (m)	[vargmál]
crinale (m)	kresht malor (m)	[kréʃt malór]

cima (f)	majë (f)	[májə]
picco (m)	maja më e lartë (f)	[mája mə ɛ lártə]
piedi (m pl)	rrëza e malit (f)	[rəza ɛ málit]
pendio (m)	shpat (m)	[ʃpat]

vulcano (m)	vullkan (m)	[vuɫkán]
vulcano (m) attivo	vullkan aktiv (m)	[vuɫkán aktív]
vulcano (m) inattivo	vullkan i fjetur (m)	[vuɫkán i fjétur]

eruzione (f)	shpërthim (m)	[ʃpərθím]
cratere (m)	krater (m)	[kratér]
magma (m)	magmë (f)	[mágmə]
lava (f)	llavë (f)	[ɫávə]
fuso (lava ~a)	i shkrirë	[i ʃkrírə]

canyon (m)	kanion (m)	[kanión]
gola (f)	grykë (f)	[grýkə]
crepaccio (m)	çarje (f)	[tʃárjɛ]
precipizio (m)	humnerë (f)	[humnérə]

passo (m), valico (m)	kalim (m)	[kalím]
altopiano (m)	pllajë (f)	[pɫájə]
falesia (f)	shkëmb (m)	[ʃkəmb]
collina (f)	kodër (f)	[kódər]

ghiacciaio (m)	akullnajë (f)	[akuɫnájə]
cascata (f)	ujëvarë (f)	[ujəvárə]
geyser (m)	gejzer (m)	[gɛjzér]
lago (m)	liqen (m)	[licén]

pianura (f)	fushë (f)	[fúʃə]
paesaggio (m)	peizazh (m)	[pɛizáʒ]
eco (f)	jehonë (f)	[jɛhónə]

alpinista (m)	alpinist (m)	[alpiníst]
scalatore (m)	alpinist shkëmbßinjsh (m)	[alpiníst ʃkəmbiɲʃ]
conquistare (~ una cima)	pushtoj majën	[puʃtój májən]
scalata (f)	ngjitje (f)	[ɲɟítjɛ]

80. Nomi delle montagne

Alpi (f pl)	Alpet (pl)	[alpét]
Monte (m) Bianco	Montblanc (m)	[montblánk]
Pirenei (m pl)	Pirenejet (pl)	[pirɛnéjɛt]

Carpazi (m pl)	Karpatet (m)	[karpátɛt]
gli Urali (m pl)	Malet Urale (pl)	[málɛt urálɛ]
Caucaso (m)	Malet Kaukaze (pl)	[málɛt kaukázɛ]
Monte (m) Elbrus	Mali Elbrus (m)	[máli ɛlbrús]

Monti (m pl) Altai	Malet Altai (pl)	[málɛt altái]
Tien Shan (m)	Tian Shani (m)	[tían ʃáni]
Pamir (m)	Malet e Pamirit (m)	[málɛt ɛ pamírit]
Himalaia (m)	Himalajet (pl)	[himalájɛt]
Everest (m)	Mali Everest (m)	[máli ɛvɛrést]

Ande (f pl)	andet (pl)	[ándɛt]
Kilimangiaro (m)	Mali Kilimanxharo (m)	[máli kilimandʒáro]

81. Fiumi

fiume (m)	lum (m)	[lum]
fonte (f) (sorgente)	burim (m)	[burím]
letto (m) (~ del fiume)	shtrat lumi (m)	[ʃtrat lúmi]
bacino (m)	basen (m)	[basén]
sfociare nel ...	rrjedh ...	[rjéð ...]

affluente (m)	derdhje (f)	[dérðjɛ]
riva (f)	breg (m)	[brɛg]

corrente (f)	rrymë (f)	[rýmə]
a valle	rrjedhje e poshtme	[rjéðjɛ ɛ póʃtmɛ]
a monte	rrjedhje e sipërme	[rjéðjɛ ɛ sípərmɛ]

inondazione (f)	vërshim (m)	[vərʃím]
piena (f)	përmbytje (f)	[pərmbýtjɛ]
straripare (vi)	vërshon	[vərʃón]
inondare (vt)	përmbytet	[pərmbýtɛt]

secca (f)	cekëtinë (f)	[tsɛkətínə]
rapida (f)	rrjedhë (f)	[rjéðə]

diga (f)	digë (f)	[dígə]
canale (m)	kanal (m)	[kanál]
bacino (m) di riserva	rezervuar (m)	[rɛzɛrvuár]
chiusa (f)	pendë ujore (f)	[péndə ujórɛ]

specchio (m) d'acqua	**plan hidrik** (m)	[plan hidrík]
palude (f)	**kënetë** (f)	[kənétə]
pantano (m)	**moçal** (m)	[motʃál]
vortice (m)	**vorbull** (f)	[vórbuł]
ruscello (m)	**përrua** (f)	[pərúa]
potabile (agg)	**i pijshëm**	[i píjʃəm]
dolce (di acqua ~)	**i freskët**	[i fréskət]
ghiaccio (m)	**akull** (m)	[ákuł]
ghiacciarsi (vr)	**ngrihet**	[ŋríhɛt]

82. Nomi dei fiumi

Senna (f)	**Sena** (f)	[séna]
Loira (f)	**Loire** (f)	[luaɾ]
Tamigi (m)	**Temza** (f)	[témza]
Reno (m)	**Rajnë** (m)	[rájnə]
Danubio (m)	**Danubi** (m)	[danúbi]
Volga (m)	**Volga** (f)	[vólga]
Don (m)	**Doni** (m)	[dóni]
Lena (f)	**Lena** (f)	[léna]
Fiume (m) Giallo	**Lumi i Verdhë** (m)	[lúmi i vérðə]
Fiume (m) Azzurro	**Jangce** (f)	[jaɲtsé]
Mekong (m)	**Mekong** (m)	[mɛkóŋ]
Gange (m)	**Gang** (m)	[gaŋ]
Nilo (m)	**Lumi Nil** (m)	[lúmi nil]
Congo (m)	**Lumi Kongo** (m)	[lúmi kóŋo]
Okavango	**Lumi Okavango** (m)	[lúmi okaváŋo]
Zambesi (m)	**Lumi Zambezi** (m)	[lúmi zambézi]
Limpopo (m)	**Lumi Limpopo** (m)	[lúmi limpópo]
Mississippi (m)	**Lumi Misisipi** (m)	[lúmi misisípi]

83. Foresta

foresta (f)	**pyll** (m)	[pył]
forestale (agg)	**pyjor**	[pyjóɾ]
foresta (f) fitta	**pyll i ngjeshur** (m)	[pył i nɟéʃuɾ]
boschetto (m)	**zabel** (m)	[zabél]
radura (f)	**lëndinë** (f)	[ləndínə]
roveto (m)	**pyllëz** (m)	[pýłəz]
boscaglia (f)	**shkurre** (f)	[ʃkúrɛ]
sentiero (m)	**shteg** (m)	[ʃtɛg]
calanco (m)	**hon** (m)	[hon]
albero (m)	**pemë** (f)	[pémə]

foglia (f)	gjeth (m)	[ɟɛθ]
fogliame (m)	gjethe (pl)	[ɟéθɛ]

caduta (f) delle foglie	rënie e gjetheve (f)	[rəníɛ ɛ ɟéθɛvɛ]
cadere (vi)	bien	[bíɛn]
cima (f)	maje (f)	[májɛ]

ramo (m), ramoscello (m)	degë (f)	[dégə]
ramo (m)	degë (f)	[dégə]
gemma (f)	syth (m)	[syθ]
ago (m)	shtiza pishe (f)	[ʃtíza píʃɛ]
pigna (f)	lule pishe (f)	[lúlɛ píʃɛ]

cavità (f)	zgavër (f)	[zgávər]
nido (m)	fole (f)	[folé]
tana (f) (del fox, ecc.)	strofull (f)	[stróful]

tronco (m)	trung (m)	[truŋ]
radice (f)	rrënjë (f)	[réɲə]
corteccia (f)	lëvore (f)	[ləvórɛ]
musco (m)	myshk (m)	[myʃk]

sradicare (vt)	shkul	[ʃkul]
abbattere (~ un albero)	pres	[prɛs]
disboscare (vt)	shpyllëzoj	[ʃpyłəzój]
ceppo (m)	cung (m)	[tsúŋ]

falò (m)	zjarr kampingu (m)	[zjar kampíŋu]
incendio (m) boschivo	zjarr në pyll (m)	[zjar nə pył]
spegnere (vt)	shuaj	[ʃúaj]

guardia (f) forestale	roje pyjore (f)	[rójɛ pyjórɛ]
protezione (f)	mbrojtje (f)	[mbrójtjɛ]
proteggere (~ la natura)	mbroj	[mbrój]
bracconiere (m)	gjahtar i jashtëligjshëm (m)	[ɟahtár i jaʃtəlíɟʃəm]
tagliola (f) (~ per orsi)	grackë (f)	[grátskə]

raccogliere (vt)	mbledh	[mbléð]
perdersi (vr)	humb rrugën	[húmb rúgən]

84. Risorse naturali

risorse (f pl) naturali	burime natyrore (pl)	[burímɛ natyrórɛ]
minerali (m pl)	minerale (pl)	[minɛrálɛ]
deposito (m) (~ di carbone)	depozita (pl)	[dɛpozíta]
giacimento (m) (~ petrolifero)	fushë (f)	[fúʃə]

estrarre (vt)	nxjerr	[ndzjér]
estrazione (f)	nxjerrje mineralesh (f)	[ndzjérjɛ minɛrálɛʃ]
minerale (m) grezzo	xehe (f)	[dzéhɛ]
miniera (f)	minierë (f)	[miniérə]
pozzo (m) di miniera	nivel (m)	[nivél]
minatore (m)	minator (m)	[minatór]
gas (m)	gaz (m)	[gaz]

gasdotto (m)	gazsjellës (m)	[gazsjéɫəs]
petrolio (m)	naftë (f)	[náftə]
oleodotto (m)	naftësjellës (f)	[naftəsjéɫəs]
torre (f) di estrazione	pus nafte (m)	[pus náftɛ]
torre (f) di trivellazione	burim nafte (m)	[burím náftɛ]
petroliera (f)	anije-cisternë (f)	[aníjɛ-tsistérnə]
sabbia (f)	rërë (f)	[rérə]
calcare (m)	gur gëlqeror (m)	[gur gəlcɛrór]
ghiaia (f)	zhavorr (m)	[ʒavór]
torba (f)	torfë (f)	[tórfə]
argilla (f)	argjilë (f)	[arɟílə]
carbone (m)	qymyr (m)	[cymýr]
ferro (m)	hekur (m)	[hékur]
oro (m)	ar (m)	[ár]
argento (m)	argjend (m)	[arɟénd]
nichel (m)	nikel (m)	[nikél]
rame (m)	bakër (m)	[bákər]
zinco (m)	zink (m)	[zink]
manganese (m)	mangan (m)	[maɲán]
mercurio (m)	merkur (m)	[mɛrkúr]
piombo (m)	plumb (m)	[plúmb]
minerale (m)	mineral (m)	[minɛrál]
cristallo (m)	kristal (m)	[kristál]
marmo (m)	mermer (m)	[mɛrmér]
uranio (m)	uranium (m)	[uraniúm]

85. Tempo

tempo (m)	moti (m)	[móti]
previsione (f) del tempo	parashikimi i motit (m)	[paraʃikími i mótit]
temperatura (f)	temperaturë (f)	[tɛmpɛratúrə]
termometro (m)	termometër (m)	[tɛrmométər]
barometro (m)	barometër (m)	[barométər]
umido (agg)	i lagësht	[i lágəʃt]
umidità (f)	lagështi (f)	[lagəʃtí]
caldo (m), afa (f)	vapë (f)	[vápə]
molto caldo (agg)	shumë nxehtë	[ʃúmə ndzéhtə]
fa molto caldo	është nxehtë	[əʃtə ndzéhtə]
fa caldo	është ngrohtë	[əʃtə ŋróhtə]
caldo, mite (agg)	ngrohtë	[ŋróhtə]
fa freddo	bën ftohtë	[bən ftóhtə]
freddo (agg)	i ftohtë	[i ftóhtə]
sole (m)	diell (m)	[díɛɫ]
splendere (vi)	ndriçon	[ndritʃón]
di sole (una giornata ~)	me diell	[mɛ díɛɫ]

sorgere, levarsi (vr)	agon	[agón]
tramontare (vi)	perëndon	[pɛrəndón]

nuvola (f)	re (f)	[rɛ]
nuvoloso (agg)	vranët	[vránət]
nube (f) di pioggia	re shiu (f)	[rɛ ʃíu]
nuvoloso (agg)	vranët	[vránət]

pioggia (f)	shi (m)	[ʃi]
piove	bie shi	[bíɛ ʃi]
piovoso (agg)	me shi	[mɛ ʃi]
piovigginare (vi)	shi i imët	[ʃi i ímət]

pioggia (f) torrenziale	shi litar (m)	[ʃi litár]
acquazzone (m)	stuhi shiu (f)	[stuhí ʃíu]
forte (una ~ pioggia)	i fortë	[i fórtə]
pozzanghera (f)	brakë (f)	[brákə]
bagnarsi (~ sotto la pioggia)	lagem	[lágɛm]

foschia (f), nebbia (f)	mjegull (f)	[mjéguɫ]
nebbioso (agg)	e mjegullt	[ɛ mjéguɫt]
neve (f)	borë (f)	[bórə]
nevica	bie borë	[bíɛ bórə]

86. Rigide condizioni metereologiche. Disastri naturali

temporale (m)	stuhi (f)	[stuhí]
fulmine (f)	vetëtimë (f)	[vɛtətímə]
lampeggiare (vi)	vetëton	[vɛtətón]

tuono (m)	bubullimë (f)	[bubuɫímə]
tuonare (vi)	bubullon	[bubuɫón]
tuona	bubullon	[bubuɫón]

grandine (f)	breshër (m)	[bréʃər]
grandina	po bie breshër	[po biɛ bréʃər]

inondare (vt)	përmbytet	[pərmbýtɛt]
inondazione (f)	përmbytje (f)	[pərmbýtjɛ]

terremoto (m)	tërmet (m)	[tərmét]
scossa (f)	lëkundje (f)	[ləkúndjɛ]
epicentro (m)	epiqendër (f)	[ɛpicéndər]

eruzione (f)	shpërthim (m)	[ʃpərθím]
lava (f)	llavë (f)	[ɫávə]

tromba (f) d'aria	vorbull (f)	[vórbuɫ]
tornado (m)	tornado (f)	[tornádo]
tifone (m)	tajfun (m)	[tajfún]

uragano (m)	uragan (m)	[uragán]
tempesta (f)	stuhi (f)	[stuhí]
tsunami (m)	cunam (m)	[tsunám]

ciclone (m)	ciklon (m)	[tsiklón]
maltempo (m)	mot i keq (m)	[mot i kɛc]
incendio (m)	zjarr (m)	[zjar]
disastro (m)	fatkeqësi (f)	[fatkɛcəsí]
meteorite (m)	meteor (m)	[mɛtɛór]
valanga (f)	ortek (m)	[orték]
slavina (f)	rrëshqitje bore (f)	[rəʃcítjɛ bórɛ]
tempesta (f) di neve	stuhi bore (f)	[stuhí bórɛ]
bufera (f) di neve	stuhi bore (f)	[stuhí bórɛ]

FAUNA

87. Mammiferi. Predatori

predatore (m)	grabitqar (m)	[grabitcár]
tigre (f)	tigër (m)	[tígər]
leone (m)	luan (m)	[luán]
lupo (m)	ujk (m)	[ujk]
volpe (m)	dhelpër (f)	[ðélpər]
giaguaro (m)	jaguar (m)	[jaguár]
leopardo (m)	leopard (m)	[lɛopárd]
ghepardo (m)	gepard (m)	[gɛpárd]
pantera (f)	panterë e zezë (f)	[pantérə ɛ zézə]
puma (f)	puma (f)	[púma]
leopardo (m) delle nevi	leopard i borës (m)	[lɛopárd i bórəs]
lince (f)	rrëqebull (m)	[rəcébuɬ]
coyote (m)	kojotë (f)	[kojótə]
sciacallo (m)	çakall (m)	[tʃakáɬ]
iena (f)	hienë (f)	[hiénə]

88. Animali selvatici

animale (m)	kafshë (f)	[káfʃə]
bestia (f)	bishë (f)	[bíʃə]
scoiattolo (m)	ketër (m)	[kétər]
riccio (m)	iriq (m)	[iríc]
lepre (f)	lepur i egër (m)	[lépur i égər]
coniglio (m)	lepur (m)	[lépur]
tasso (m)	vjedull (f)	[vjéduɬ]
procione (f)	rakun (m)	[rakún]
criceto (m)	hamster (m)	[hamstér]
marmotta (f)	marmot (m)	[marmót]
talpa (f)	urith (m)	[uríθ]
topo (m)	mi (m)	[mi]
ratto (m)	mi (m)	[mi]
pipistrello (m)	lakuriq (m)	[lakuríc]
ermellino (m)	herminë (f)	[hɛrmínə]
zibellino (m)	kunadhe (f)	[kunáðɛ]
martora (f)	shqarth (m)	[ʃcarθ]
donnola (f)	nuselalë (f)	[nusɛlálə]
visone (m)	vizon (m)	[vizón]

castoro (m)	kastor (m)	[kastór]
lontra (f)	vidër (f)	[vídər]
cavallo (m)	kali (m)	[káli]
alce (m)	dre brilopatë (m)	[drɛ brilopátə]
cervo (m)	dre (f)	[drɛ]
cammello (m)	deve (f)	[dévɛ]
bisonte (m) americano	bizon (m)	[bizón]
bisonte (m) europeo	bizon evropian (m)	[bizón ɛvropián]
bufalo (m)	buall (m)	[búaɫ]
zebra (f)	zebër (f)	[zébər]
antilope (f)	antilopë (f)	[antilópə]
capriolo (m)	dre (f)	[drɛ]
daino (m)	dre ugar (m)	[drɛ ugár]
camoscio (m)	kamosh (m)	[kamóʃ]
cinghiale (m)	derr i egër (m)	[dér i égər]
balena (f)	balenë (f)	[balénə]
foca (f)	fokë (f)	[fókə]
tricheco (m)	lopë deti (f)	[lópə déti]
otaria (f)	fokë (f)	[fókə]
delfino (m)	delfin (m)	[dɛlfín]
orso (m)	ari (m)	[arí]
orso (m) bianco	ari polar (m)	[arí polár]
panda (m)	panda (f)	[pánda]
scimmia (f)	majmun (m)	[majmún]
scimpanzè (m)	shimpanze (f)	[ʃimpánzɛ]
orango (m)	orangutan (m)	[oraŋután]
gorilla (m)	gorillë (f)	[goríɫə]
macaco (m)	majmun makao (m)	[majmún makáo]
gibbone (m)	gibon (m)	[gibón]
elefante (m)	elefant (m)	[ɛlɛfánt]
rinoceronte (m)	rinoqeront (m)	[rinocɛrónt]
giraffa (f)	gjirafë (f)	[ɟiráfə]
ippopotamo (m)	hipopotam (m)	[hipopotám]
canguro (m)	kangur (m)	[kaŋúr]
koala (m)	koala (f)	[koála]
mangusta (f)	mangustë (f)	[maŋústə]
cincillà (f)	çinçila (f)	[tʃintʃíla]
moffetta (f)	qelbës (m)	[célbəs]
istrice (m)	ferrëgjatë (m)	[fɛrəɟátə]

89. Animali domestici

gatta (f)	mace (f)	[mátsɛ]
gatto (m)	maçok (m)	[matʃók]
cane (m)	qen (m)	[cɛn]

cavallo (m)	**kali** (m)	[káli]
stallone (m)	**hamshor** (m)	[hamʃór]
giumenta (f)	**pelë** (f)	[pélə]

mucca (f)	**lopë** (f)	[lópə]
toro (m)	**dem** (m)	[dém]
bue (m)	**ka** (m)	[ka]

pecora (f)	**dele** (f)	[délɛ]
montone (m)	**dash** (m)	[daʃ]
capra (f)	**dhi** (f)	[ði]
caprone (m)	**cjap** (m)	[tsjáp]

asino (m)	**gomar** (m)	[gomár]
mulo (m)	**mushkë** (f)	[múʃkə]

porco (m)	**derr** (m)	[dɛr]
porcellino (m)	**derrkuc** (m)	[dɛrkúts]
coniglio (m)	**lepur** (m)	[lépur]

gallina (f)	**pulë** (f)	[púlə]
gallo (m)	**gjel** (m)	[ɟél]

anatra (f)	**rosë** (f)	[rósə]
maschio (m) dell'anatra	**rosak** (m)	[rosák]
oca (f)	**patë** (f)	[pátə]

tacchino (m)	**gjel deti i egër** (m)	[ɟél déti i égər]
tacchina (f)	**gjel deti** (m)	[ɟél déti]

animali (m pl) domestici	**kafshë shtëpiake** (f)	[káfʃə ʃtəpiákɛ]
addomesticato (agg)	**i zbutur**	[i zbútur]
addomesticare (vt)	**zbus**	[zbus]
allevare (vt)	**rrit**	[rit]

fattoria (f)	**fermë** (f)	[férmə]
pollame (m)	**pulari** (f)	[pularí]
bestiame (m)	**bagëti** (f)	[bagətí]
branco (m), mandria (f)	**kope** (f)	[kopé]

scuderia (f)	**stallë** (f)	[stálə]
porcile (m)	**stallë e derrave** (f)	[stálə ɛ déravɛ]
stalla (f)	**stallë e lopëve** (f)	[stálə ɛ lópəvɛ]
conigliera (f)	**kolibe lepujsh** (f)	[kolíbɛ lépujʃ]
pollaio (m)	**kotec** (m)	[kotéts]

90. Uccelli

uccello (m)	**zog** (m)	[zog]
colombo (m), piccione (m)	**pëllumb** (m)	[pətúmb]
passero (m)	**harabel** (m)	[harabél]
cincia (f)	**xhixhimës** (m)	[dʒidʒimés]
gazza (f)	**laraskë** (f)	[laráskə]
corvo (m)	**korb** (m)	[korb]

cornacchia (f)	sorrë (f)	[sórə]
taccola (f)	galë (f)	[gálə]
corvo (m) nero	sorrë (f)	[sórə]
anatra (f)	rosë (f)	[rósə]
oca (f)	patë (f)	[pátə]
fagiano (m)	fazan (m)	[fazán]
aquila (f)	shqiponjë (f)	[ʃcipóɲə]
astore (m)	gjeraqinë (f)	[ɟɛracínə]
falco (m)	fajkua (f)	[fajkúa]
grifone (m)	hutë (f)	[hútə]
condor (m)	kondor (m)	[kondór]
cigno (m)	mjellmë (f)	[mjétmə]
gru (f)	lejlek (m)	[lɛjlék]
cicogna (f)	lejlek (m)	[lɛjlék]
pappagallo (m)	papagall (m)	[papagáɫ]
colibrì (m)	kolibri (m)	[kolíbri]
pavone (m)	pallua (m)	[paɫúa]
struzzo (m)	struc (m)	[struts]
airone (m)	çafkë (f)	[tʃáfkə]
fenicottero (m)	flamingo (m)	[flamíŋo]
pellicano (m)	pelikan (m)	[pɛlikán]
usignolo (m)	bilbil (m)	[bilbíl]
rondine (f)	dallëndyshe (f)	[daɫəndýʃɛ]
tordo (m)	mëllenjë (f)	[məténə]
tordo (m) sasello	grifsha (f)	[grífʃa]
merlo (m)	mëllenjë (f)	[məténə]
rondone (m)	dallëndyshe (f)	[daɫəndýʃɛ]
allodola (f)	thëllëzë (f)	[θətézə]
quaglia (f)	trumcak (m)	[trumtsák]
picchio (m)	qukapik (m)	[cukapík]
cuculo (m)	kukuvajkë (f)	[kukuvájkə]
civetta (f)	buf (m)	[buf]
gufo (m) reale	buf mbretëror (m)	[buf mbrɛtərór]
urogallo (m)	fazan i pyllit (m)	[fazán i pýtit]
fagiano (m) di monte	fazan i zi (m)	[fazán i zí]
pernice (f)	thëllëzë (f)	[θətézə]
storno (m)	gargull (m)	[gárguɫ]
canarino (m)	kanarinë (f)	[kanarínə]
francolino (m) di monte	fazan mali (m)	[fazán máli]
fringuello (m)	trishtil (m)	[triʃtíl]
ciuffolotto (m)	trishtil dimri (m)	[triʃtíl dímri]
gabbiano (m)	pulëbardhë (f)	[puləbárðə]
albatro (m)	albatros (m)	[albatrós]
pinguino (m)	penguin (m)	[pɛŋuín]

91. Pesci. Animali marini

abramide (f)	krapuliq (m)	[krapulíc]
carpa (f)	krap (m)	[krap]
perca (f)	perç (m)	[pɛrtʃ]
pesce (m) gatto	mustak (m)	[musták]
luccio (m)	mlysh (m)	[mlýʃ]

salmone (m)	salmon (m)	[salmón]
storione (m)	bli (m)	[blí]

aringa (f)	harengë (f)	[haréŋə]
salmone (m)	salmon Atlantiku (m)	[salmón atlantíku]
scombro (m)	skumbri (m)	[skúmbri]
sogliola (f)	shojzë (f)	[ʃójzə]

lucioperca (f)	troftë (f)	[tróftə]
merluzzo (m)	merluc (m)	[mɛrlúts]
tonno (m)	tunë (f)	[túnə]
trota (f)	troftë (f)	[tróftə]

anguilla (f)	ngjalë (f)	[ŋɟálə]
torpedine (f)	peshk elektrik (m)	[pɛʃk ɛlɛktrík]
murena (f)	ngjalë morel (f)	[ŋɟálə morél]
piranha (f)	piranja (f)	[piráɲa]

squalo (m)	peshkaqen (m)	[pɛʃkacén]
delfino (m)	delfin (m)	[dɛlfín]
balena (f)	balenë (f)	[balénə]

granchio (m)	gaforre (f)	[gafórɛ]
medusa (f)	kandil deti (m)	[kandíl déti]
polpo (m)	oktapod (m)	[oktapód]

stella (f) marina	yll deti (m)	[yɬ déti]
riccio (m) di mare	iriq deti (m)	[iríc déti]
cavalluccio (m) marino	kalë deti (m)	[kálə déti]

ostrica (f)	midhje (f)	[míðjɛ]
gamberetto (m)	karkalec (m)	[karkaléts]
astice (m)	karavidhe (f)	[karavíðɛ]
aragosta (f)	karavidhe (f)	[karavíðɛ]

92. Anfibi. Rettili

serpente (m)	gjarpër (m)	[ɟárpər]
velenoso (agg)	helmues	[hɛlmúɛs]

vipera (f)	nepërka (f)	[nɛpérka]
cobra (m)	kobra (f)	[kóbra]
pitone (m)	piton (m)	[pitón]
boa (m)	boa (f)	[bóa]
biscia (f)	kular (m)	[kulár]

| serpente (m) a sonagli | gjarpër me zile (m) | [ɟárpər mɛ zílɛ] |
| anaconda (f) | anakonda (f) | [anakónda] |

lucertola (f)	hardhucë (f)	[harðútsə]
iguana (f)	iguana (f)	[iguána]
varano (m)	varan (m)	[varán]
salamandra (f)	salamandër (f)	[salamándər]
camaleonte (m)	kameleon (m)	[kamɛlɛón]
scorpione (m)	akrep (m)	[akrép]

tartaruga (f)	breshkë (f)	[bréʃkə]
rana (f)	bretkosë (f)	[brɛtkósə]
rospo (m)	zhabë (f)	[ʒábə]
coccodrillo (m)	krokodil (m)	[krokodíl]

93. Insetti

insetto (m)	insekt (m)	[insékt]
farfalla (f)	flutur (f)	[flútur]
formica (f)	milingonë (f)	[miliŋónə]
mosca (f)	mizë (f)	[mízə]
zanzara (f)	mushkonjë (f)	[muʃkóɲə]
scarabeo (m)	brumbull (m)	[brúmbuɫ]

vespa (f)	grerëz (f)	[grérəz]
ape (f)	bletë (f)	[blétə]
bombo (m)	greth (m)	[grɛθ]
tafano (m)	zekth (m)	[zɛkθ]

| ragno (m) | merimangë (f) | [mɛrimáŋə] |
| ragnatela (f) | rrjetë merimange (f) | [rjétə mɛrimáŋɛ] |

libellula (f)	pilivesë (f)	[pilivésə]
cavalletta (f)	karkalec (m)	[karkaléts]
farfalla (f) notturna	molë (f)	[mólə]

scarafaggio (m)	kacabu (f)	[katsabú]
zecca (f)	rriqër (m)	[rícər]
pulce (f)	plesht (m)	[plɛʃt]
moscerino (m)	mushicë (f)	[muʃítsə]

locusta (f)	gjinkallë (f)	[ɟinkátə]
lumaca (f)	kërmill (m)	[kərmíɫ]
grillo (m)	bulkth (m)	[búlkθ]
lucciola (f)	xixëllonjë (f)	[dzidzətóɲə]
coccinella (f)	mollëkuqe (f)	[moɫəkúcɛ]
maggiolino (m)	vizhë (f)	[víʒə]

sanguisuga (f)	shushunjë (f)	[ʃuʃúɲə]
bruco (m)	vemje (f)	[vémjɛ]
verme (m)	krimb toke (m)	[krímb tókɛ]
larva (f)	larvë (f)	[lárvə]

FLORA

94. Alberi

albero (m)	pemë (f)	[pémə]
deciduo (agg)	gjethor	[ɟɛθór]
conifero (agg)	halor	[halór]
sempreverde (agg)	përherë të gjelbra	[pərhérə tə ɟélbra]

melo (m)	pemë molle (f)	[pémə mótɛ]
pero (m)	pemë dardhe (f)	[pémə dárðɛ]
ciliegio (m)	pemë qershie (f)	[pémə cɛrʃíɛ]
amareno (m)	pemë qershi vishnje (f)	[pémə cɛrʃí víʃnɛ]
prugno (m)	pemë kumbulle (f)	[pémə kúmbutɛ]

betulla (f)	mështekna (f)	[məʃtékna]
quercia (f)	lis (m)	[lis]
tiglio (m)	bli (m)	[blí]
pioppo (m) tremolo	plep i egër (m)	[plɛp i égər]
acero (m)	panjë (f)	[páɲə]
abete (m)	bredh (m)	[brɛð]
pino (m)	pishë (f)	[píʃə]
larice (m)	larsh (m)	[lárʃ]
abete (m) bianco	bredh i bardhë (m)	[brɛð i bárðə]
cedro (m)	kedër (m)	[kédər]

pioppo (m)	plep (m)	[plɛp]
sorbo (m)	vadhë (f)	[váðə]
salice (m)	shelg (m)	[ʃɛlg]
alno (m)	verr (m)	[vɛr]
faggio (m)	ah (m)	[ah]
olmo (m)	elm (m)	[élm]
frassino (m)	shelg (m)	[ʃɛlg]
castagno (m)	gështenjë (f)	[gəʃtéɲə]

magnolia (f)	manjolia (f)	[maɲólia]
palma (f)	palma (f)	[pálma]
cipresso (m)	qiparis (m)	[ciparís]

mangrovia (f)	rizoforë (f)	[rizofórə]
baobab (m)	baobab (m)	[baobáb]
eucalipto (m)	eukalipt (m)	[ɛukalípt]
sequoia (f)	sekuojë (f)	[sɛkuójə]

95. Arbusti

cespuglio (m)	shkurre (f)	[ʃkúrɛ]
arbusto (m)	kaçube (f)	[katʃúbɛ]

| vite (f) | hardhi (f) | [harðí] |
| vigneto (m) | vreshtë (f) | [vréʃtə] |

lampone (m)	mjedër (f)	[mjédər]
ribes (m) nero	kaliboba e zezë (f)	[kalibóba ɛ zézə]
ribes (m) rosso	kaliboba e kuqe (f)	[kalibóba ɛ kúcɛ]
uva (f) spina	shkurre kulumbrie (f)	[ʃkúrɛ kulumbríɛ]

acacia (f)	akacie (f)	[akátsiɛ]
crespino (m)	krespinë (f)	[krɛspínə]
gelsomino (m)	jasemin (m)	[jasɛmín]

ginepro (m)	dëllinjë (f)	[dəłíɲə]
roseto (m)	trëndafil (m)	[trəndafíl]
rosa (f) canina	trëndafil i egër (m)	[trəndafíl i égər]

96. Frutti. Bacche

| frutto (m) | frut (m) | [frut] |
| frutti (m pl) | fruta (pl) | [frúta] |

mela (f)	mollë (f)	[mółə]
pera (f)	dardhë (f)	[dárðə]
prugna (f)	kumbull (f)	[kúmbuł]

fragola (f)	luleshtrydhe (f)	[lulɛʃtrýðɛ]
amarena (f)	qershi vishnje (f)	[cɛɾʃí víʃnɛ]
ciliegia (f)	qershi (f)	[cɛɾʃí]
uva (f)	rrush (m)	[ruʃ]

lampone (m)	mjedër (f)	[mjédər]
ribes (m) nero	kaliboba e zezë (f)	[kalibóba ɛ zézə]
ribes (m) rosso	kaliboba e kuqe (f)	[kalibóba ɛ kúcɛ]
uva (f) spina	kulumbri (f)	[kulumbrí]
mirtillo (m) di palude	boronica (f)	[boronítsa]

arancia (f)	portokall (m)	[portokáł]
mandarino (m)	mandarinë (f)	[mandarínə]
ananas (m)	ananas (m)	[ananás]
banana (f)	banane (f)	[banánɛ]
dattero (m)	hurmë (f)	[húrmə]

limone (m)	limon (m)	[limón]
albicocca (f)	kajsi (f)	[kajsí]
pesca (f)	pjeshkë (f)	[pjéʃkə]

| kiwi (m) | kivi (m) | [kívi] |
| pompelmo (m) | grejpfrut (m) | [grɛjpfrút] |

bacca (f)	manë (f)	[mánə]
bacche (f pl)	mana (f)	[mána]
mirtillo (m) rosso	boronicë mirtile (f)	[boronítsə mirtílɛ]
fragola (f) di bosco	luleshtrydhe e egër (f)	[lulɛʃtrýðɛ ɛ égər]
mirtillo (m)	boronicë (f)	[boronítsə]

97. Fiori. Piante

| fiore (m) | lule (f) | [lúlɛ] |
| mazzo (m) di fiori | buqetë (f) | [bucétə] |

rosa (f)	trëndafil (m)	[trəndafíl]
tulipano (m)	tulipan (m)	[tulipán]
garofano (m)	karafil (m)	[karafíl]
gladiolo (m)	gladiolë (f)	[gladiólə]

fiordaliso (m)	lule misri (f)	[lúlɛ mísri]
campanella (f)	lule këmborë (f)	[lúlɛ kəmbórə]
soffione (m)	luleradhiqe (f)	[lulɛraðícɛ]
camomilla (f)	kamomil (m)	[kamomíl]

aloe (m)	aloe (f)	[alóɛ]
cactus (m)	kaktus (m)	[kaktús]
ficus (m)	fikus (m)	[fíkus]

giglio (m)	zambak (m)	[zambák]
geranio (m)	barbarozë (f)	[barbarózə]
giacinto (m)	zymbyl (m)	[zymbýl]

mimosa (f)	mimoza (f)	[mimóza]
narciso (m)	narcis (m)	[nartsís]
nasturzio (m)	lule këmbore (f)	[lúlɛ kəmbórɛ]

orchidea (f)	orkide (f)	[orkidé]
peonia (f)	bozhure (f)	[boʒúrɛ]
viola (f)	vjollcë (f)	[vjóɬtsə]

viola (f) del pensiero	lule vjollca (f)	[lúlɛ vjóɬtsa]
nontiscordardimé (m)	mosmëharro (f)	[mosməharó]
margherita (f)	margaritë (f)	[margarítə]

papavero (m)	lulëkuqe (f)	[luləkúcɛ]
canapa (f)	kërp (m)	[kérp]
menta (f)	mendër (f)	[méndər]

| mughetto (m) | zambak i fushës (m) | [zambák i fúʃəs] |
| bucaneve (m) | luleborë (f) | [lulɛbórə] |

ortica (f)	hithra (f)	[híθra]
acetosa (f)	lëpjeta (f)	[ləpjéta]
ninfea (f)	zambak uji (m)	[zambák úji]
felce (f)	fier (m)	[fíɛr]
lichene (m)	likene (f)	[likénɛ]

serra (f)	serrë (f)	[sérə]
prato (m) erboso	lëndinë (f)	[ləndínə]
aiuola (f)	kënd lulishteje (m)	[kənd lulíʃtɛjɛ]

pianta (f)	bimë (f)	[bímə]
erba (f)	bar (m)	[bar]
filo (m) d'erba	fije bari (f)	[fíjɛ bári]

foglia (f)	gjeth (m)	[ɟɛθ]
petalo (m)	petale (f)	[pɛtálɛ]
stelo (m)	bisht (m)	[biʃt]
tubero (m)	zhardhok (m)	[ʒarðók]

| germoglio (m) | filiz (m) | [filíz] |
| spina (f) | gjemb (m) | [ɟémb] |

fiorire (vi)	lulëzoj	[lulǝzój]
appassire (vi)	vyshket	[výʃkɛt]
odore (m), profumo (m)	aromë (f)	[arómǝ]
tagliare (~ i fiori)	pres lulet	[prɛs lúlɛt]
cogliere (vt)	mbledh lule	[mbléð lúlɛ]

98. Cereali, granaglie

grano (m)	drithë (m)	[dríθǝ]
cereali (m pl)	drithëra (pl)	[dríθǝra]
spiga (f)	kaush (m)	[kaúʃ]

frumento (m)	grurë (f)	[grúrǝ]
segale (f)	thekër (f)	[θékǝr]
avena (f)	tërshërë (f)	[tǝrʃérǝ]
miglio (m)	mel (m)	[mɛl]
orzo (m)	elb (m)	[ɛlb]

mais (m)	misër (m)	[mísǝr]
riso (m)	oriz (m)	[oríz]
grano (m) saraceno	hikërr (m)	[híkǝr]

pisello (m)	bizele (f)	[bizélɛ]
fagiolo (m)	groshë (f)	[gróʃǝ]
soia (f)	sojë (f)	[sójǝ]
lenticchie (f pl)	thjerrëz (f)	[θjérǝz]
fave (f pl)	fasule (f)	[fasúlɛ]

PAESI

99. Paesi. Parte 1

Italiano	Albanese	Pronuncia
Afghanistan (m)	Afganistan (m)	[afganistán]
Albania (f)	Shqipëri (f)	[ʃcipərí]
Arabia Saudita (f)	Arabia Saudite (f)	[arabía saudítɛ]
Argentina (f)	Argjentinë (f)	[arɟɛntínə]
Armenia (f)	Armeni (f)	[armɛní]
Australia (f)	Australia (f)	[australía]
Austria (f)	Austri (f)	[austrí]
Azerbaigian (m)	Azerbajxhan (m)	[azɛrbajdʒán]
Le Bahamas	Bahamas (m)	[bahámas]
Bangladesh (m)	Bangladesh (m)	[baŋladéʃ]
Belgio (m)	Belgjikë (f)	[bɛlɟíkə]
Bielorussia (f)	Bjellorusi (f)	[bjɛɫorusí]
Birmania (f)	Mianmar (m)	[mianmár]
Bolivia (f)	Bolivi (f)	[boliví]
Bosnia-Erzegovina (f)	Bosnje Herzegovina (f)	[bósɲɛ hɛrzɛgovína]
Brasile (m)	Brazil (m)	[brazíl]
Bulgaria (f)	Bullgari (f)	[buɫgarí]
Cambogia (f)	Kamboxhia (f)	[kambódʒia]
Canada (m)	Kanada (f)	[kanadá]
Cile (m)	Kili (m)	[kíli]
Cina (f)	Kinë (f)	[kínə]
Cipro (m)	Qipro (f)	[cípro]
Colombia (f)	Kolumbi (f)	[kolumbí]
Corea (f) del Nord	Korea e Veriut (f)	[koréa ɛ vériut]
Corea (f) del Sud	Korea e Jugut (f)	[koréa ɛ júgut]
Croazia (f)	Kroaci (f)	[kroatsí]
Cuba (f)	Kuba (f)	[kúba]
Danimarca (f)	Danimarkë (f)	[danimárkə]
Ecuador (m)	Ekuador (m)	[ɛkuadór]
Egitto (m)	Egjipt (m)	[ɛɟípt]
Emirati (m pl) Arabi	Emiratet e Bashkuara Arabe (pl)	[ɛmirátɛt ɛ baʃkúara arábɛ]
Estonia (f)	Estoni (f)	[ɛstoní]
Finlandia (f)	Finlandë (f)	[finlándə]
Francia (f)	Francë (f)	[frántsə]

100. Paesi. Parte 2

Italiano	Albanese	Pronuncia
Georgia (f)	Gjeorgji (f)	[ɟɛorɟí]
Germania (f)	Gjermani (f)	[ɟɛrmaní]
Ghana (m)	Gana (f)	[gána]

Giamaica (f)	Xhamajka (f)	[dʒamájka]
Giappone (m)	Japoni (f)	[japoní]
Giordania (f)	Jordani (f)	[jordaní]
Gran Bretagna (f)	Britani e Madhe (f)	[brítani ɛ máðɛ]
Grecia (f)	Greqi (f)	[grɛcí]

Haiti (m)	Haiti (m)	[haíti]
India (f)	Indi (f)	[indí]
Indonesia (f)	Indonezi (f)	[indonɛzí]
Inghilterra (f)	Angli (f)	[aŋlí]
Iran (m)	Iran (m)	[irán]
Iraq (m)	Irak (m)	[irak]
Irlanda (f)	Irlandë (f)	[irlándə]
Islanda (f)	Islandë (f)	[islándə]
Israele (m)	Izrael (m)	[izraél]
Italia (f)	Itali (f)	[italí]

Kazakistan (m)	Kazakistan (m)	[kazakistán]
Kenya (m)	Kenia (f)	[kénia]
Kirghizistan (m)	Kirgistan (m)	[kirgistán]
Kuwait (m)	Kuvajt (m)	[kuvájt]

Laos (m)	Laos (m)	[láos]
Lettonia (f)	Letoni (f)	[lɛtoní]
Libano (m)	Liban (m)	[libán]
Libia (f)	Libia (f)	[libía]
Liechtenstein (m)	Lichtenstein (m)	[litshtɛnstéin]
Lituania (f)	Lituani (f)	[lituaní]
Lussemburgo (m)	Luksemburg (m)	[luksɛmbúrg]

Macedonia (f)	Maqedonia (f)	[macɛdonía]
Madagascar (m)	Madagaskar (m)	[madagaskár]
Malesia (f)	Malajzi (f)	[malajzí]
Malta (f)	Maltë (f)	[máltə]
Marocco (m)	Marok (m)	[marók]
Messico (m)	Meksikë (f)	[mɛksíkə]
Moldavia (f)	Moldavi (f)	[moldaví]
Monaco (m)	Monako (f)	[monáko]
Mongolia (f)	Mongoli (f)	[moŋolí]
Montenegro (m)	Mali i Zi (m)	[máli i zí]

Namibia (f)	Namibia (f)	[namíbia]
Nepal (m)	Nepal (m)	[nɛpál]
Norvegia (f)	Norvegji (f)	[norvɛɟí]
Nuova Zelanda (f)	Zelandë e Re (f)	[zɛlándə ɛ ré]

101. Paesi. Parte 3

Paesi Bassi (m pl)	Holandë (f)	[holándə]
Pakistan (m)	Pakistan (m)	[pakistán]
Palestina (f)	Palestinë (f)	[palɛstínə]
Panama (m)	Panama (f)	[panamá]
Paraguay (m)	Paraguai (m)	[paraguái]
Perù (m)	Peru (f)	[pɛrú]

Polinesia (f) Francese	Polinezia Franceze (f)	[polinɛzía frantsézɛ]
Polonia (f)	Poloni (f)	[poloní]
Portogallo (f)	Portugali (f)	[portugalí]

Repubblica (f) Ceca	Republika Çeke (f)	[rɛpublíka tʃékɛ]
Repubblica (f) Dominicana	Republika Dominikane (f)	[rɛpublíka dominikánɛ]
Repubblica (f) Sudafricana	Afrika e Jugut (f)	[afríka ɛ júgut]
Romania (f)	Rumani (f)	[rumaní]
Russia (f)	Rusi (f)	[rusí]

Scozia (f)	Skoci (f)	[skotsí]
Senegal (m)	Senegal (m)	[sɛnɛgál]
Serbia (f)	Serbi (f)	[sɛrbí]
Siria (f)	Siri (f)	[sirí]
Slovacchia (f)	Sllovaki (f)	[słovakí]
Slovenia (f)	Sllovenia (f)	[słovɛnía]

Spagna (f)	Spanjë (f)	[spáɲə]
Stati (m pl) Uniti d'America	Shtetet e Bashkuara të Amerikës	[ʃtétɛt ɛ baʃkúara tə amɛríkəs]
Suriname (m)	Surinam (m)	[surinám]
Svezia (f)	Suedi (f)	[suɛdí]
Svizzera (f)	Zvicër (f)	[zvítsər]

Tagikistan (m)	Taxhikistan (m)	[tadʒikistán]
Tailandia (f)	Tajlandë (f)	[tajlándə]
Taiwan (m)	Tajvan (m)	[tajván]
Tanzania (f)	Tanzani (f)	[tanzaní]
Tasmania (f)	Tasmani (f)	[tasmaní]
Tunisia (f)	Tunizi (f)	[tunizí]
Turchia (f)	Turqi (f)	[turcí]
Turkmenistan (m)	Turkmenistan (m)	[turkmɛnistán]

Ucraina (f)	Ukrainë (f)	[ukraínə]
Ungheria (f)	Hungari (f)	[huŋarí]
Uruguay (m)	Uruguai (m)	[uruguái]
Uzbekistan (m)	Uzbekistan (m)	[uzbɛkistán]

Vaticano (m)	Vatikan (m)	[vatikán]
Venezuela (f)	Venezuelë (f)	[vɛnɛzuélə]
Vietnam (m)	Vietnam (m)	[viɛtnám]
Zanzibar	Zanzibar (m)	[zanzibár]